CBNU CORE 융복합총서 2

OLD AGE OF POST-HUMAN

포스트휴먼 시대의 노년

고봉만 · 진성오 · 박승억
김연순 · 안상원 · 오윤희 공저

충북대학교 인문학연구소 편

신아사

포스트휴먼시대의 노년

초판 1쇄 발행 _ 2018년 2월 20일

저　　자 • 고봉만 외 5인
발 행 인 • 정 현 걸
발　　행 • 신 아 사
인　　쇄 • 토탈프로세스
출판등록 • 1956년 1월 5일 (제9-52호)
주　　소 • 서울시 은평구 통일로 59길 4(2층)
전　　화 • 02)382-6411 · 팩스 02)382-6401
홈페이지 • www.shinasa.co.kr
E-MAIL • shinasa@daum.net

ISBN 978-89-8396-275-1(03300)

정가 15,000원

본 도서는 2017년도 충북대학교 대학인문역량강화(CORE)사업의 지원을 받아 출판되었음

발간사

"노화란 우리 안에 천천히 자연스럽게 퍼지는 가공할 질병이다.
우리를 괴롭히는 노년의 결함에 대비하려면,
적어도 그 진행 속도를 줄이려면,
엄청난 주의와 지속적인 노력을 기울여야 한다."

(고봉만 엮고 옮긴, 몽테뉴 『수상록』 선집, 25쪽)

충북대학교 인문학 연구소는 '노년인문학'을 중점연구영역으로 설정한 이래 2016년 첫 결과물인 『노년에 관한 인문학적 성찰』에 이어 『포스트휴먼 시대의 노년』을 출간하게 되었습니다. 이번에 출간된 『포스트휴먼 시대의 노년』은 첨단과학기술 시대의 고령화 문제를 다루고 있습니다. 새로운 기술 시대에 고령화는 전 세계적으로 심각한 문제로 제기되고 있으며, 여기서 인간은 순응하는 대신에 죽음과 맞서려고 시도합니다. 이제 첨단 의료 기술을 통해 늙지 않을 뿐만 아니라 건강한 불로불사의 '포스트휴먼(posthuman)'이 등장할 수도 있는 시대가 된 것입니다. 이 책은 이 가능성을 부정할 수 없는 시대에 인간의 노년이라는 시간의 의미와 전망을 고민하고자 기획되었습니다. 노년의 문제를 인간 실존의 차원과 사회문화적 차원에서 고찰하는 것에 더하여 과학기술적 차원에서 새로이 제기되고 있는 인간상에 대한 또 하나의 새로운 논의의 장을 열고자 합니다.

'노년'이란 말 그대로 세월이 흘러 늙게 된 나이를 뜻합니다. "외형 측면에서 보면 우선 40대부터 줄어드는 신장이 평생 약 2~5cm씩 줄어들게 됩니다. 50세를 넘기면서 신체의 피하지방이 소실되고 몸이 둔해지면서 근력을 상실하게 됩니다. 이러한 변화가 지속되면서 70세가 되면 다리의 근육이 상실되며 뼈의 밀도와 강도가 감소하여 쉽게 골절이 될 수 있고 골절이 한번 되면 잘 붙지 않게 됩니다. 또한 피부의 색도 변화가 일어나 탄력을 잃고 쳐지며 시커먼 색인 검버섯이라고 불리는 색소의 침착이 일어납니다."(진성오) 이런 노년의 일반적 신체현상에도 불구하고 노년에 관한 해석은 동양과 서양이 다르고 시대마다 또 다릅니다. 말하자면 노년의 정의는 동일하다 하더라도, 그 범주나 노년의 시점을 보는 시각은 역사적으로 가변적이라는 것입니다. 우리 사회의 경우, 얼마 전까지도 60대이면 노년으로 간주되었지만, 지금 60대는 더 이상 노년으로 간주되지 않습니다. 이것은 시대변화에 따른 인식변화로 설명되는 가변성에 기인합니다.

"노년을 바라보는 인식이 상황에 따라 달라질 수 있다는 것은 얼핏 자연스러운 반응일 수 있습니다. 왜냐하면 '노년'은 이제까지 주로 '객체', 다시 말해 배려와 부양의 대상이었기 때문입니다. […] 그런데 첨단 기술의 발전은 노년을 언제부터 기산해야 하는지를 모호하게 만들고 있습니다. '젊은' 노년은 계속 증가하고 있으며 그에 따라 '중년'의 나이도 계속 늘어나고 있습니다. 미국의 경우 과거에는 중년 세대를 40세에서 60세인 사람들로 규정했지만 1990년 대 중반 이후로는 45에서 65세 사이를 중년으로 지칭하기 시작했고, 우리나라의 경우에도 '50+'라고 일컬어지는 새로운 세대가 등장했습니다."(박승억) 평균수명의 증가에 따른 이런 현상은 그만큼 첨단기술은 노인들로 하여금 그 어느 때보다 더 젊고 건강하게 살 수 있는 기반을 마련해주었기 때문입니다. 노년에게 있어서 첨단과학기술의 발전은 그 정도로 중요한 의미를 갖게 된 것입니다.

사실 과학기술의 진화는 인류가 갈망해온 영생과 불멸의 욕망을 실현하려는 인간 의지의 한 표현이기도 합니다. 이를테면 인공심장의 경우 1956년에 최초로 연구되기 시작하여 2008년 영구이식 인공심장이 탄생하기까지 불과 50여년밖에 지나지 않았습니다. 그 사이에 기대수면은 더 길어졌습니다. 인공관절, 인공피부, 심지어 로봇공학의 발전에 따른 로봇팔다리의 인간신체화 등 이것은 공상과학영화에서나 봄직한 일이었지만, 노년의 결핍을 해결하는 인간과 기계의 상호협력은 이제는 주변에서 흔한 일로 경험되고 있습니다. 이런 점에서 첨단기술발전은 노년 공학(gerontechnology)의 비약적 발전에 매우 중요해졌습니다. 그러나 이것의 사회적 수용은 아직 시간이 좀 더 필요한 듯 보입니다. 이를테면 "'코봇(cobot)'은 몸이 불편한 노인을 돕는 협업 로봇(collaborative robot)입니다. 하지만 현재, 대부분의 노인들은 서비스 로봇이 자신의 집에 들어오는 것을 달가워하지 않으며, 로봇이 인간의 존재를 대신할 거라고 믿지 않습니다. 그렇더라도 노년 공학 기술은 노년에 이로움을 가져다주고 있습니다. 이를테면 원격 진단을 통해서 원거리에서 어떤 작업을 하거나 추이를 지켜보는 일이 가능해졌다는 것입니다."(고봉만) 이런 첨단과학기술의 발전은 실제로 노년의 삶의 질에 직간접적으로 영향을 미칩니다.

오늘날 인간은 첨단과학기술에 힘입어 고대 그리스 시대의 교훈시 『일과 날』에서 제시된 황금의 종족처럼 늙지 않는 복된 종족이 되려는 것일지도 모릅니다. 이것이 가능하게 된다면 미래의 인간은 생물학적인 한계를 갖는 현재의 인간과 다를 수밖에 없을 것입니다. 그 때문에 미래 인간은 지금과는 전혀 다른 정체성을 추구하는 '포스트휴먼'이라는 새로운 종으로 간주되며 이는 현존하는 인간과 구별됩니다. 그렇다면 포스트휴먼 시대에 노년은 과연 어떤 변화를 겪게 될까요? 노년의 사회경제적 문제는 무엇이고 그에 따른 주체성의 문제는 또한 어떻게 설명될 수 있을까요? 이러저러한 문제들을 생각해보면 노년과 관련된 포스트휴먼 시대의 예측 가능한 스펙트럼은 참으로 넓은 것 같습니다. 그렇다면 인간의 생애에서 그 어느 때보다도 인간과 기술의 상호협력적 관계를 요구하게 되는 노년은 인문적 담론에서 어떤 주제들로 논의될 수 있을지 이와 관련해서 본 저서에서 제시되는 6가지의 다양한 주제를 간략하게 살펴보겠습니다.

우선 첫 번째 주제인 고봉만의 「노년에 대한 사회·문화·경제적 담론과 논쟁 - 프랑스를 중심으로」는 노년에 관련된 환경적 요인을 살펴보고 그에 관한 프랑스에서의 담론을 이야기합니다. 이를테면 노화에 관한 철학적 논쟁을 시작으로 해서 특히 복합적으로 퇴행을 보이는 노년기의 뇌 노화현상 및 노동수행능력의 저하에 따른 노인들의 경제문제와 은퇴이후 삶의 방식 변화 등 인생 마지막 순간들에 겪어야 할 문제들에 대해 기술하면서 성공적인 노화란 무엇인가를 다양하게 숙고합니다. 이어서 두 번째의 주제, 진성오의 「삶의 심리학적 완성」은 제목에서 알 수 있듯이 노년을 심리학적인 관점에서 설명합니다. 여기서 노화란 심리학적 완성의 필수적인 과정이며 또 다른 시작으로 간주되면서 노화 현상의 긍정과 부정의 양 측면이 제시됩니다. 그 과정에서 몸과 마음에서 일어나는 현상들을 통해 노년의 변화 양상들을 설명하고, 종국에는 이런 현상들이 죽음의 문제에 닿아 있음을 제시합니다. 결국 인간이 어떻게 늙어가는 지를 설명하는 것은 죽음과의 연계성까지 전개됩니다. 이렇듯 노년을 둘러싼 내부 환경과 외부 환경을 살펴본 뒤에 노년은 첨단과학기술의 발전 속에서의 본격적으로 숙고하게 됩니다.

박승억의 주제 「노년의 주체성 - 첨단 기술 사회의 새로운 가능성」에서 첨단기술의 발전은 인간에게 새로운 가능성을 열어줍니다. 로봇기술과 인공지능 기술의 발전은 노동 현장에서 과거처럼 젊은 육체를 필요로 하지 않으며, 생명공학 기술의 발전은 자연스러운 인간의 노화를 늦춥니다. 때문에 첨단기술의 발전은 노년의 삶에 새로운 가능성들을 열어주고 있습니다. 그러나 우리 사회는 빠르게 고령화되고 있으며, 현재의 추세대로라면 한 세대가 지나면 우리나라 인구의 절반이 노년이 될 전망입니다. 이 두 가지 변화양상은 노년을 바라보는 관점 자체를 바꿔야 한다는 것을 요구합니다. 인류 역사에서 노년은 언제나 주변인이었고 '대상'으로서 객체였기에 이제 노년의 주체성을 다시 생각해야 할 시점임이 강조되고 있습니다. 이어 김연순의 「21세기 첨단기술과 노년」은 노화에 적극적으로 관여하기 시작한 현대의 첨단과학기술이 노년의 결핍을 보완하면서 노년의 존재 자체에 대해 미치는 영향을 설명합니다. 인간의 생애주기에서 '노년'은 21세기 불노초인 첨단과학기술의 혜택으로 노화현상을 극복하고, 더 나아가 인체와 기계의 결합을 통해 신체적, 정신적 힘을 강화시킨 합성된 몸을 가지게 될 것입니다. 이것으로 인해 연령에 따른 생물학적 한계가 극복되고, 연령주의가 만연한 사회에서 노년은 새로운 차원으로 접어들게 될 것임이 제시됩니다. 이러한 논의를 심화시켜 노년과 자연의 관계 및 노년의 존재 자체에 관한 숙고는 문학의 영역에서 제시됩니다.

안상원의 「자연에 투영된 노년의 삶과 포스트휴먼」은 자연과의 관계 속에서 포스트휴먼 시대의 삶과 죽음을 이야기합니다. 아무리 고도의 문명을 발전시켜왔다 하더라도 인간은 생명체로서 자연의 속성을 지닌 존재이고, 자연은 인간 삶을 비추어보는 거울이자 동경의 대상입니다. 그러나 수명연장을 넘어 물리적 죽음의 극복까지 예견하는 포스트휴먼 시대에 이르면 인간과 자연의 고리는 완전히 끊어지고 자연을 대하는 인간의 태도 역시 달라질 것입니다. 이러한 미래 예측과 더불어 이 글이 소개하는 서정시 몇 편과 가곡들에서 언제나 자연과 함께 살아간 예술가들의 삶에서 노년은 자연스러운 무르익음의 단계이고 죽음은 거대한 자연으로의 회귀라는 깊은 깨달음을 우리에게 전하고 있습니다.

오윤희의 글 「문학작품에 나타나는 노인의 '존재 확인'의 양상들」에서 다루는 것은 노인들의 정체성 확인의 문제입니다. 미래보다는 과거에 점점 더 많이 얽매이게 되는 것이 노인들의 삶이라면, 과연 이들은 화려했던 과거에 대한 기억만으로도 현재의 삶을 만족하며 살 수 있을까요? 이 질문은 우리가 흔히 이야기하는 노년의 과거지향적인 모습이 바람직하달 수 없음을 암시케 합니다. 그렇다면 과연 무엇이 노년의 삶에 만족스러운 존재 이유를 줄 수 있을까? 다시 묻게 됩니다. 이 물음의 가능한 대답으로 필자는 문학작품에 나타나는 다양한 노인 삶의 모습들을 제시하고 있습니다.

노년을 이야기하는 자리에는 대부분 죽음의 그림자가 드리워집니다. 그만큼 노년은 끝을 향해 가는 인간의 시간이기 때문입니다. 그러나 끝에 이르기 전까지의 시간은 미지임에도 불구하고 통념에서는 노년의 시간은 이미 '끝이라는 의미'로 포장되어 있습니다. 그럼에도 불구하고 노년의 시간은 끝에 좀 더 가깝게 다가간 시간이지만 새로 시작되는 시간이며, 더욱이 오늘날의 노년의 시간은 그 어느 시대에도 경험하지 못한 인간과 기계가 상호협력하면서 전혀 다른 인간상을 제시하는 포스트휴먼을 예고하는 시간이기도 합니다. 이에 『포스트휴먼 시대의 노년』에 실린 글들은 새롭게 제기되고 있는 포스트휴먼 시대에 노년에 관련된 문제들을 인문적 시각에서 생각해보고 그것에서 제기되는 문제들에 답을 찾는 계기를 갖고자 합니다.

충북대학교 대학인문역량강화CORE사업 부단장

고봉만

목차

포스트휴먼
시대의 노년

노년에 대한 사회·문화·경제적 담론과 논쟁

— 프랑스를 중심으로

고봉만_ 충북대학교 프랑스언어문화학과 교수

노년에 대한 사회·문화·경제적 담론과 논쟁
— 프랑스를 중심으로

현대 사회의 노년은 퇴직 연금과 의학 발달, 기대 수명의 증가로 그 어느 때보다 안정적이고, 지속적이며, 편안해졌다. 하지만 이와 반대로 변화와 새로움, 젊음을 추종하는 경향, 행복에 대한 끝없는 열망이 커지면서 노화는 부담스럽고 폐기되어야 할 것으로 간주되기도 한다. 그러기에 오늘날 사람들은 '해피엔딩 노년', '아름다운 노후'에 대해 거의 강박적으로 매달리고 있다. 누구나 노인이 되는 상황을 고려한다면 이 모두는 당연한 현상이라고 할 것이다.

2018년 1월 1일 기준으로 세계 인구는 75억 9100만 명이다. 이전 해보다 약 8250만 명이 늘었으며 1.09%가 증가한 것이다. 그런데 이는 제2차 세계대전 이후 가장 낮은 연간 증가 폭이며, 1970년의 2.07%에 비하면 절반 가까이 줄었다. 지난 47년 동안 의료 및 보건 수준 향상으로 사망률이 크게 낮아진 것을 고려하면, 인구의 자연 증가, 즉 출산율 저하가 심각함을 알 수 있다. 이는 또 세계가 빠른 속도로 늙어 가고 있다는 것을 의미한다.[1] 이러한 고령화 현상은 현재 국제 사회가 당면한 가장 큰 문제 가운데 하나이다. 미국 통계국의 '늙어 가

1) 서정민, "출산 감소와 고령화", 세계일보, 2018년 1월 22일 자.

는 세계: 2015'(An Aging World:2015)라는 보고서에서 제시하듯이, 전 세계 65세 이상 인구는 2014년에 5억 5000만 명이었지만, 2050년에는 16억 명으로 늘어난다.[2] 같은 기간 동안 인구 증가는 34%이지만 노인층은 3배 증가한 것이다. 프랑스의 경우 노령 인구는 2050년 2천만 명으로 전체 인구의 4분의 1을 차지하게 된다. 그것은 베이비 부머였던 세대들이 대거 고령 인구에 편입되기 때문이다. 현재 20세 미만의 청소년들이 50세 이상의 장년층보다 더 많지만, 이러한 현상도 2050년부터 완전히 역전될 것으로 보인다. 프랑스 통계청의 예측에 따르면 20세 미만 청소년과 노인 비율이 오늘날 100:71인 것에 비해 오는 2050년에는 100:122에 이를 것이라는 전망이다. 2013년 9%에 불과했던 75세 이상의 노인 인구의 비율도 급증해 프랑스 인구의 6분의 1을 차지하게 될 것이라고 한다.[3] 다른 유럽 국가와 마찬가지로 프랑스도 고령사회로의 진입과 노인 인구 증가, 노인 복지 비용 증가, 일자리 및 경제 환경의 변화, 여가 시간의 증대 등 각종 시나리오에 대한 적극적인 대처를 강구해야 하는 상황에 놓여 있다.

이런 현실을 고려하여 프랑스의 전문가들은 노년과 관련해서 제기

2) 2016년 3월 발표된 이 보고서에 따르면 한국의 65세 이상 노인 인구 비율은 2050년에 35.9%로 일본(40.1%) 다음으로 높아 세계 2위에 오른다.

3) 프랑스 통계청(Institut national de la statistique et des études économiques, INSEE)은 2017년 6월 22일 각종 지역 및 국가적 연구 결과를 총합해 작성된 2050년 프랑스 인구 지도 시나리오를 발표했다. 이에 따르면 2050년 프랑스 인구는 7천4백만 명(2013년 기준, 6천5백80만 명)으로 늘어날 것으로 예상된다. 프랑스인의 기대 수명은 여성의 경우 2013년 85세였으나 2050년에는 90.3세에 이를 것이며, 남성의 경우 78.7세에서 86.8세로 늘어날 전망이다. 노령 인구의 경우는 2050년 2천만 명으로 전체 인구의 4분의 1을 차지할 것으로 보인다.

되는 질문에 현명한 답을 찾기 위해 노력하고 있다. '몇 세부터 노인인가?, 노년을 어떤 관점으로 받아들일 것인가?, 노화란 몰락을 의미하는가?, 노년은 새로운 모험인가?, 사람들은 "젊게 살기" 위한 유혹에 굴복할 것인가?, 성공적인 노화란 무엇인가?, 노인의 일자리, 노인을 위한 일자리란 어떤 것인가?, 노령화가 중요한 경제적 쟁점이라면 실버 경제의 앞날은 어떠할 것인가?' 이렇게 최근 프랑스에서 이루어지고 있는 '노년'과 '노화'에 대한 다양한 논의들은 우리에게도 시사하는 의미가 크다.[4]

1. 노화에 관한 철학적 논쟁

전통 사회에서 역사는 최고의 가치이자 양식(良識)의 근원이었기에, 이 의미를 부여받은 노년은 완성에 도달하거나 성공한 인생의 증표였다. 이에 선조들을 이해하며 전설적인 황금기를 맞게 되는 것은 노년이 된 후에야 가능했다. 그러나 성과와 긴급함, 과감한 혁신이 중요한 오늘날에 '늙음'은 완성이기보다 '몰락'으로 간주되고 있다. 바로 이 때문에 노화를 늦추고자 하는 욕망, 노화를 감추려는 시도, 노화를 잊고 살려는 열망이 생긴다. 하지만 우리는 정말로 노화를 망각할 수 있을까? 바로 여기서 우리는 두 번째 역설과 마주하게 된다. 노화를 거부하는 현 시대에, 노화에 대해서 생각하고 이를 위로하며 오래 지속할 수 있도

4) 이 글은 2014년 이후 프랑스에서 발행된 *Sciences Humaines, Gérontologie et Société, L'année psychologique, La Revue de l'Ires* 등의 '노년' 관련 특집호 기사를 바탕으로 작성한 것이다.

록, 사람들은 전례 없는 에너지와 창의력을 발휘하고 있다.[5] 민족학자인 피에르 클라스트르(Pierre Clastres)는 파라과이의 과야키 인디언에 대한 연구에서 이와 관련된 이야기를 언급했다.[6] 그 내용은 다음과 같다.

어느 옛날, 마을의 부족장이 사냥에서 돌아오던 길에 자신의 노모가 무리를 따라오기 힘들어한다는 사실을 알아차렸다. 그는 자신의 어머니가 더 이상 무리를 따라올 수 없게 된다면, 지명된 청년 한 사람이 기습적으로 어머니의 머리를 도끼로 내리칠 것이고 바로 어머니의 장례를 치를 것을 잘 알고 있었다. 물론 아무도 이러한 상황을 바라진 않겠지만, 이는 대대로 행해 온 관습이었다. 다행스럽게도 그날

---

5) 옛 속담에, '노화는 마음먹기에 달려 있다.'라는 말이 있다. 과연 이는 과학적으로 입증된 사실일까? 유니버시티 칼리지 런던(University College London) 연구진이 미국의학협회지 '내과학(JAMA Internal Medicine)'에 실은 연구는 이러한 가능성을 시사한다. 그 연구에 따르면 자신의 생물학적 나이보다 최소 세 살 더 젊다고 느끼는 사람들은 더 오래 산다고 한다. 이슬라 리펀(Isla Rippon)과 앤드루 스텝토(Andrew Steptoe)는 자신의 나이에 대한 인식이 암이나 심혈관계 질환이 발병했을 때, 이를 이해하고 받아들이는 방식에 결정적인 영향을 미칠 수 있음을 언급했다. 연구진은 1년 동안 평균 연령이 65.8세인 6489명의 연구 대상자들을 관찰했고, 그들에게 "본인을 몇 살로 느끼세요?"라는 단순한 질문을 던졌다. 그 결과, 자신의 실제 나이보다 훨씬 늙었다고 느끼는 사람들의 사망률은 24.6%인 반면, 본인의 실제 나이보다 훨씬 젊다고 느끼는 사람들의 사망률은 14.3%를 넘지 않았음을 확인하였다. 또한 연구에 따르면 강한 회복 의지와 스스로 일을 처리할 수 있는 능력, 삶에 대한 강한 욕구 등이 장수의 주요 요인이었는데, 그 이유는 이러한 성향의 사람들은 필요한 경우 병원에 가거나 적절한 검진을 받는 것을 꺼리지 않았기 때문이다.(Isla Rippon, Andrew Steptoe, "Feeling old vs being old, associations between self-perceived age and mortality", *JAMA internal Medicine*, 2014년 12월)

6) 피에르 클라스트르(Pierre Clastres), 《과야키 인디언 연대기》, 1972, 재판, Pocket, 2001.

무리와 조금 떨어져 있던 노모는 재규어에게 잡아먹혔고, 모든 이들이 마음의 짐을 덜게 되었다. 그들은 조상의 영혼이 친절을 베풀어서 재규어가 그들을 대신해 이 일을 치른 것이라고 믿었다. 재규어의 발톱이 노모의 생을 거두게 한 것은 너그러운 처사로 생각되었다. 전통 사회에서 조상에 대한 숭배가 강했음에도 불구하고, 노인들이 가족들에게 짐이 되자 노인들에 대한 관심은 냉랭해진 것이다. 물론 현대 사회에서도 그 형식이 다르더라도 이러한 이야기와 비슷한 관행이 존재한다고 생각할 수도 있다. 하지만 현대 사회는 노인의 문제를 사회시스템에서 해결하고 있다. 현재 노화와 관련해서는 역사상 유례없는 사회적 투자(퇴직 연금과 같은 재정적 측면으로의 투자, 장애나 질병 없는 삶을 위한 기대 수명 연장 연구와 같은 과학적 측면으로의 투자, 노인들의 적적함을 해소해 줄 수 있는 단체 활동을 위한 투자 등)가 이루어지고 있기 때문이다.

현대인들은 나이가 드는 것은 별로 좋아하지 않더라도, '노인들'을 공경하고 그들이 '지속적으로 발전' 할 수 있도록 매우 합리적인 태도를 취하면서 사회적으로 문제를 풀고 있는 것이다. 사람들은 노인의 문제를 사회적으로 풀어내기 전에 이미 오래 전부터 '노화'의 장단점에 관해 이야기해 왔고, 심지어 노화는 철학적인 논제들 중의 하나였다. 서양의 경우 논쟁의 발단은 아테네의 위대한 현인 솔론(Solon)이 5세기 초에 쓴 "나는 끊임없이 배우면서 늙어 간다."라는 시구에서 비롯되었다. 이는 당시 애가(哀歌)시의 대가 중 한 명인, 콜로폰(Colophon) 출신의 밈네르무스(Mimnermus)가 자신의 서정시에서 언급한 새벽의 여신 에오스의 이야기에 대한 응답이었다. 아름다운 여신 에오스는 티토노스(Tithonos, 트로이의 왕자)라는 젊고 아름다운 청년을 만나 열렬히 사랑하게 되었다. 생명이 유한한 인간과의 결합이 어렵다고 느낀 에오스는 올림포스산에 가서 제우스에게 자신의 연인에게 불사의 생을 허락해 달라고 애원했고, 제우스는 그녀의 청을 수락했다. 그러나 에오스는 정말 중요했던 티토노스의 불로의 생을 부탁하지 않았음을 깨닫고 이에 경악하게 된다. 결국 티토노스는 불사의 몸이 되긴 하였으나 세월이 지남에 따라 점점 늙어 갔다. 그의 육체는 수척해지고 그가 지닌 아름다움과 인간성도 사라졌다. 밈네르무스는 자신의 시에서 "제우스는 티토노스에게 영원한 고통을 주었다. 그것은 죽음보다 더 차가운 늙음이라는 고통이었다."라고 말했다. 그리고 다음과 같은 이유를 덧붙였다.

> "소중한 젊음, 그것은 마치 꿈처럼 금세 사라져 버린다. 그리고 지체 없이 고통스럽고 추한 늙음이 우리 머리 위에 드리워진다. 늙는다는 것은 추악한 동시에 경멸스러운 것이다. 이는 사람을 알아볼 수 없을 정도로 변화시키고 눈과 정신을 흐리게 만든다. 내가 질병과 고통스러운 번민 없이 60세에 죽음의 운명을 맞이할 수만 있다면 좋을 텐데."

밈네르무스의 시에 대한 솔론의 응답에서 알 수 있듯이, 솔론은 노화를 옹호하였다. 그는 80세 인생을 두려워하지 않았을 뿐만 아니라, 심지어 그 나이에 죽음을 맞이하지 않을 것이기에 사람들이 그의 죽음을 안타까워하고 눈물을 흘릴 것이라고 생각했다. 그래서 그는 밈네르무스에게 "나는 끊임없이 배우면서 늙어 간다."라는 자신의 마지막 구절을 수정해 달라고 제안했다. 노화는 퇴보가 아닌 발전의 계기가 될 수도 있으며, 우리는 계속해서 살아가는 방법을 배우기 때문이다.

그 후, 논쟁이 시작되었다. 플라톤, 아리스토텔레스, 플루타르코스, 에피쿠로스, 키케로, 몽테뉴, 장 자크 루소, 아르투어 쇼펜하우어 등을 비롯한 여러 학자들이 이 문제를 언급했다. 우선 '반노화파'는 신체적 지적 능력이 저하되는 노화 과정에 중점을 두었는데, 그들은 그 과정을 죽음과 결부시켰다. 즉, 인생의 절정기를 맞이하게 되면 그때부터 생명력이 약화되고 감소하기 시작한다는 것이다. 아리스토텔레스는 그 시기를 신체적 나이로는 35세, 정신적 나이로는 49세라고 언급했다. 물론 몇몇 철학자들이 강조하듯이, 현명하고, 활력이 넘치며, 심지어 아름답기까지 한 노인들은 사람들은 감탄케 한다. 하지만 사람들의 감탄은 나이 듦 자체가 아니라 고령의 나이에도 불구하고 그들이 간직하고 있는 지혜나 활력, 아름다움이다. 노화는 감탄의 대상이 될 수 없기 때문이다.

노화를 옹호하는 이들은 노화는 퇴보가 아니라고 반박한다. 즉, 노년은 열정에서 해방되어 마침내 지혜를 얻게 되는 시기라는 것이다. 노년에 대한 가장 유명한 찬사로 꼽히는 키케로의 글에서, 그는 나이 듦이 혐오스러울 때는 노년의 삶이 덕망과 분별력이 사라져 인생의 종말이 되어 버린 경우뿐이라고 말했다. 즉, 우리가 혐오하는 것은 늙음 그 자체가 아니라 무절제한 인생이며, 만약 인생을 제대로 살아 왔다면, 늙는 것은 그에 대한 보상이다. 또한 활력을 잃더라도 통찰력과 경험으로 충분히 이를 보충할 수 있으며, 그 어떤 무의미하고 일시적인 열망도 더 이상 우리를 본질에서 벗어나게 하지는 못한다. 따라서 노년이 되면, "더 현명해지고, 더 많은 정신적인 활동을 할 수 있다." 요컨대, 나이가 들면서 지혜를 얻게 되는 것과 마찬가지로 지혜를 통해 더 현명하게 나이 들 수 있다. 크세노폰(Xenophon)이 『소크라테스의 회상』에서 "방탕한 젊음에는 비참하고 수치스러운 노년이, 근면한 젊음에는 빛나는 노년이"라고 단언한 것처럼, 노화는 심지어 성공한 인생의 안전성 테스트(crash test)이다.

그러나 이에 대해 프리드리히 니체는 반박했다. 그에 따르면, 철학이란 스스로를 속이고 자신의 노쇠에 직면하기를 거부하는 노인을 위한 화장품에 지나지 않기 때문이었다. 모든 철학은 단지 노인들을 위로하려고 고안된 것이기에 그렇다. 말하자면 철학은 무능력을 훈장으로, 몰락을 안식으로, 식욕 감퇴를 금욕으로, 피로를 평온함으로, 이기주의를 몰입으로 노인들을 설득하기 위함이라는 것이다. 그러기에 니체는 고대 철학자가 주장하는 지혜의 이면에는 엄청난 무기력이 존재할 뿐 아무것도 없다고 단언했다. 그에게 노화란 삶의 점진적이고도 비극적인 소멸일 뿐이며, 활력이 죽음에 저항하는 것을 멈추는 시기이다. 앙드레 지드(André Gide)는 "나는 식은 열정과 무기력함을 통해서만 도달할 수 있는 그런 유의 지혜를 진심으로 경멸한다."라고 말했다.

노화를 가능한 한 잘 겪을 수 있도록 노력한다는 것은 중요하다. 이를 위해 노화를 명확하고 냉정한 눈으로 바라볼 수 있어야 한다. 삶이 죽음에 저항하는 한, 존재는 의미와 계획을 지닐 수 있다. 사실, 일정 나이가 들면, 자신이 완전히 변할 수 있다거나 지금의 자신과 다른 사람이 될 수 있다고 기대해서는 안 된다. 물론 자신과 타인, 나아가 세상과 어느 정도 타협할 수도 있을 것이다. 그러기에 루소가 죽기 몇 달 전에 쓴 솔론의 시구에 대한 반박문도 이와 같은 내용이었다. "나는 솔론처럼, 늙어가면서 날마다 배울 수 있는 행복을 누리지 못한다.

(…) 나는 계몽주의적 지식과 관련해서는 별로 알고 싶은 것이 없지만, 미덕의 측면에서 내가 알아야 할 중요한 부문들은 아직 남아 있다고 생각한다. (…) 따라서 이 유일하고도 유익한 연구에 내 노년의 나머지 시간을 바치고 있다. 나는 내 자신이 발전하는 것에서 행복을 느끼며, 노년에 이르러 죽음에 들어서는 방법을 배우고 있다. 물론 최고의 경지에 이르지는 못했지만 - 이는 가능한 일이 아니니까 - 지금 나는 내 인생에 들어섰을 때보다 더 높은 덕을 갖추었다고 생각한다."
주름진 얼굴의 늙고 노쇠한 노인도 여전히 유일한 존재이며 한 사람의 인간이다.

이렇듯 노화에 관해 지속된 천 년간의 논쟁에서 승자를 가리기란 불가능하다. 물론 논쟁에 참여했던 철학자들이 모두 그 만큼의 수준에 이르지 못했을지라도 가장 통찰력 있고 높은 식견으로 주장하였음은 부정할 수 없다. 노화에 관한 철학적 진리를 어느 한쪽의 주장에서 찾기보다는 논쟁 자체에서 찾아야 할 것이다. 우리는 저항, 거부, 인정, 고통, 평온, 회한 등등을 겪을 수 있고, 죽음이라는 인생 최후의 체험을 해보려는 이해할 수 없는 호기심 어린 욕망도 가질 수 있는 존재이기 때문이다. 그러기에 경쟁 구도를 형성하는 이 모든 주장에서 또 다른 공통점이 발견된다. 그것은 바로 인생의 절정이 언제인지를 규명하는 것이다. 인생의 절정은 활기찬 젊은 시절일까, 안정적인 중년일까, 평온한 노년일까, 아니면 나를 온전히 버리는 최후의 순간일까? 오늘날 이에 관한 사람들의 인식은 많이 달라졌다. 인생의 절정이라는 생각 자체가 모호하기 때문에 점차 희미해지고 있다. 청년기와 노년기, 심지어 성년기도 더 이상은 인생의 절정일 수 없기 때문이다.

그렇다면 몇 세부터 노인인가?

이를 위한 설문 조사에서 프랑스인들은 이 질문에 대략 75세라고 응답했다. 참여자들은 응답에 이어 설문 조사에서는 간과되었던 견해를 덧붙였는데, 늙는다는 것은 나이의 문제가 아니며, 판단의 주요 기준은 마음의 상태라는 것이다. '마음이 젊다면' 나이는 별로 중요하지 않다는 것이 일반적이 생각이었다. 사실, 예전에도 그랬듯, 현 시대에도 노인의 기준 연령은 상대적이다. 실제로 정신적으로나 신체적으로 노화와는 거리가 멀었던 몽테뉴가 80세에도 활기가 넘쳤던 고대 로마의 정치가이자 문인이었던 카토(Marcus Porcius Cato)에 비해 자신은 40세에 이미 늙었다고 생각했던 것을 보아도 마음 작용의 중요성을 알 수 있다. 또한 발자크가 살던 시대의 30세 여성은 자신의 인생이 모두 지나가 버렸다고 여겼다. 하지만 오늘날 첫 출산의 평균 연령이 28.4세임을 생각하면, 30세라는 나이는 인생이 지났다고 말할 나이가 아니다.

오늘날에는 의학 기술과 화장품 산업의 발달 덕분에, 노화로 인해 발생하는 회생 불가능한 손상을 어렵지 않게 회복할 수 있게 되었다. 섭생 또한 예전에 비해 훨씬 좋은 상태여서 노화의 한계점은 그 어느 때보다 더 모호하다. 철학자 장 보드리야르(Jean Baudrillard)는 그의 자서전 『냉정한 기억(*Cool Memories*)』의 도입부에서 자신이 왜 1980년 10월의 어느 아침에 '남은 생의 첫날'을 보내고 있다고 느꼈는지를 이야기한다. 그 전까지 그는 성공가도를 달리며 더 강렬하고 새로운 경험들을 원했다. 하지만 어느 날 갑자기 그 모든 것들이 다 지나가버린다는 것을 깨달았다. 열렬한 사랑도, 최고의 저서도, 가장 강렬했던 열정도 모두 지나간 과거였던 것이다. "그렇게 되었다. 그런 것이다. 지금부터 나머지 인생이 시작되는 것이다." 바로 이러한 관점에서 아름답고도 숭고한 노화의 정의를 찾을 수 있다. 왜냐하면 노화의 심오한 양면성이 그의 글에 드러나기 때문이다. 실제로 우리는 노화로 인해 절망할 수도, 정신을 함양할 수도 있다. 노년을 비극으로 혹은 새로운 모험으로 만드는 것은 자신의 선택에 달려 있다.

> "남은 인생은 덤으로 주어진 것이다. 내 인생의 마지막 운명을 앞두고, 무료함을 느끼더라도 활력을 간직한 채, 무슨 일이 일어나든 흘러가는 대로 내버려 둔다면 특별한 자유와 기쁨을 느낄 수 있을 것이다."

기량이 뛰어난 운동선수들을 생각해 보자. 그들은 젊은 시기에 나이 듦을 경험한다. 왜냐하면 체력이 중요한 그들에게 너무도 이른 시기에 성년이 됨과 동시에 그들의 '남은 인생'이 다가오기 때문이다. 그럼에도 불구하고, 은퇴 후 그들 중 일부는 프랑스 사람들이 가장 존경하는 인물의 상위 순위를 차지한다. 왜 그럴까? 이는 아마도 경기가 삶의 전부는 아니며, 경쟁적이고 성과를 이룬 삶이 끝난 후에도 또 다른 삶이 존재할 수 있다는 사실을 우리에게 보여 주고 있기 때문이다. 오늘날 우리는 노년이라는 단어가 내포하는 편협함이나 고독의 측면에는 부정적인 반응을 보이지만, 늙음 자체를 그 정도로 싫어하진 않는다. 오히려 노인들의 높은 안목과 한 걸음 물러선 태도는 높이 평가되고 있다.

2. 뇌는 노화에 저항한다

프랑스 성인 인구 중 노년층이 차지하는 규모와 비율은 노동 인구에 비해 증가세를 보이고 있다. 이는 인구, 사회, 경제, 정치, 보건 정책 분야에서 심각한 결과를 낳고 있다. 다양한 보건 정책의 실행과 의학의 발달, 교육적 진보, 삶의 질 향상, 영양 상태 개선 등에 의해서 기대수명이 증가했고, 생리적 노화[7]를 비롯해서 인지 기능[8]의 감퇴 속도는 점점 지연되고 있다. 생물학적으로 중추 신경계 전체의 영향을 받는 일부 기능들, 즉 주의력, 기억력과 같은 인지 기능과 계획, 조직, 전략 수립, 억제력, 유연성 등을 가능케 하는 수행 기능은 나이의 영향을 많이 받는다. 하지만 언어나 일반 상식처럼 문화, 경험, 학습에 좌우되는 다른 기능들은 더 오래 유지된다.

노화로 인한 감퇴는 개인마다 큰 차이가 있다. 60세에서 80세까지의 인구 중 대다수는 뇌의 성능이 안정적이지만, 능력이 감퇴된 사람들의 대부분은 하나나 둘 정도의 기능 저하를 경험한다. 그렇더라도 인지 능력이 전반적으로 하락하는 것은 대개 80세 이상에서 관찰된다.

뇌 노화의 특징은 전체적으로도 부분적으로도 변화가 연속적으로 일어난다. 이를테면 크기와 무게의 감소, 뇌실과 주름의 확대, 미엘린[9] 소

7) 생리적 노화(Senescence)란 인체에서 일어나는 불가역적 과정의 연속을 의미한다.

8) 인지 기능(Cognitive fuctions)이란 기억, 언어, 추리, 문제 해결, 결정, 지각, 주의력 등과 같은 인식과 관련된 정신적인 과정 전반을 일컫는다.

9) 미엘린(Myeline)이란 신경 섬유를 보호하는 물질을 뜻하며 전선의 피복과 비슷한 역할을 한다.

실, 뇌의 혈관 신생 감소, 시냅스의 밀도 감소 등의 현상이 나타난다. 특히 기억과 공간 개념을 담당하는 중심 부분 중의 하나인 해마는 가장 취약한 신체 부위에 해당된다. 이러한 신체 영역의 감퇴는 당연히 뇌의 구조와 기능에 영향을 미친다. 움직이지 않는 상태에서 뇌의 신진대사를 측정해 보면, 포도당이나 산소의 국부적 소비를 통해 뇌의 부위들에서 신진대사가 현저하게 감소하는 것을 볼 수 있다.

그러나 노화로 인해 감퇴되는 뇌는 변화에 잘 적응하며 유연하다. 이 점과 관련해서 뇌의 노화는 감퇴의 측면으로만 인식되지는 않는다. 기억력 테스트를 통해 인지 능력이 약화된 노인들도 젊은 성인들과 동일한 영역, 특히 전전두엽피질이 더 활성화되는 것을 확인할 수 있다. 단지 노인들은 신경망을 더 효과적으로 동원하지 못할 뿐이다. 이와 같은 사실은 나이로 인한 생리적 기능 손실에 대처하기 위해 뇌가 재조직되어 이를 보완할 수 있다는 가능성을 보여 준다. 그 결과는 다른 인지 기능들과 관련된 확대 연구들을 통해 증명되었지만, 아직은 논쟁 중에 있다. 4개월간의 인지 훈련 과정 동안 매일 가상세계에서 공간 탐색(spatial navigation)을 수행한 젊은이와 노인은 훈련 후에 해마 양이 안정적으로 유지되었다. 이러한 불안정한 상태에서 안정적인 상태로 변화한 해마 양의 변화는 공간에서 자신의 위치를 파악하는 능력을 유지하는 것과 관계되는데, 훈련을 받지 않은 사람들은 나이에 따라 해마 양이 감소하는 것으로 나타났다. 또한 여러 연구들을 통해 뇌의 가소성뿐만 아니라 인지적 가소성도 존재한다는 사실이 확인되었다. 확인되었다. 물론 고령인 경우에 이 가소성은 약화된다. 노인들이 뇌혈관 장애를 겪은 후 기능을 회복하는 능력은 가소성의 또 다른 흥미로운 예를 보인다.

인간은 평생 동안 상실과 획득 사이에서 역학적인 균형을 추구한다. 인간 삶의 일정 부분은 자신의 선택에 따라 달라진다. 활력을 주는 지적 활동과 신체적 활동, 사회적 활동은 상실을 줄이고 획득을 강화하는 데 기여하며, 인지적 안정성도 갖게 한다. 이는 생리적 노화로 인한 상실에 맞서, 가능한 한 오랫동안 스스로를 보호하는 방법이기도 하다.

3. 노화에 대한 고정관념과 고용 시장

2008년 2월 이후, 프랑스에서 50세 이상의 실업자 수가 1.6배 증가했다.[10] 이는 전체 실업자의 증가세보다 두 배나 빠른 속도이다. 특히, 2003년부터는 나이 많은 노동자가 조기 퇴직 하는 추세를 바꾸어 노동 시장을 더욱 '포괄적'[11]으로 변화시키는 많은 조치들을 취하였다. 예를 들면, 공공 분야의 조기 퇴직 감축, 기업의 조기 퇴직 수당 증액, 고용주가 직원을 퇴직시킬 수 있는 은퇴 연령 상향 조정, 나이 많은 실업자의 보상 기한 축소 및 구직 면제 방식 중단, 노년 노동자의 고

10) 고용 담당 공공 기관인 폴렁프로와(*프랑스어 그대로)에 따르면, 2014년 말 50세 이상 실업자 수는 116만 6000명으로 집계됐다. 50세 이상 노동자들의 실업 기간이 더 긴 것으로 나타났는데, 그 기간은 평균 18개월로, 25세에서 49세 사이 노동자의 두 배에 달했다. 노동자의 나이가 많을수록 고용인원은 감소한다. 50세 이상 노동자의 고용률은 25세에서 29세 사이 노동자의 절반에 불과했다.

11) 여기서 '포괄적'이라 함은 '선택적'과 대립되는 의미로 쓰였음.

용을 유지하고 채용을 촉진하기 위한 고용주 대상 우대 정책 확대 등을 들 수 있다.

이러한 제도적인 변혁이 이루어지더라도 고용주와 직장인의 인식은 쉽게 바뀌지는 않는다. 그러나 변화는 다른 양상으로 전개되고, 사회 곳곳에서 뚜렷이 나타나지도 않는다. 실제로 직업 활동의 중단 시기가 더 늦춰졌는데, 은퇴 기준 연령과 필수 보장 기간의 상향 조정은 점진적으로 사회적인 효과를 이끌어내고 있다. 또한 심지어 현 경기 침체 상황에서도 55세~64세의 고용 비율도 증가했다.

그러나 공공 부문의 조기 퇴직 연령층에서 일자리를 잃은 50세 이상의 노동자 수는 점점 늘어나고 있으며, 다른 일자리를 구하는 데에 많은 어려움을 겪고 있다. 기업들은 다양한 측면에서 장년 노동자의 고용을 위한 합의와 계획을 추진하였다. 일부 기업은 실제로 행동에 나섰고, 일부는 수행 사항을 개선하고 더 확고히 구축했지만, 몇몇 기업들은 단지 형식적이거나 일회적인 행동만을 취할 뿐이었다.[12] 그러므로 자연히 노동 조건의 개선을 고려한 50세 이상의 노동자 채용은 가장 실행되지 않는 사안이다.

그동안 은퇴 제도 개혁만을 중요시해 왔다. 그로 인해 장년층이 더 오랫동안 일할 수 있도록 노동환경의 변화가 필요하다는 사실은 간과해 왔다. 아직 은퇴 연령에 이르지 않은 중장년 노동자가 소외되는 것을 막기 위해서는 흔히 생각하는 '일하면서 늙는다'는 인식을 바꿔야 한다. 실제로 대부분의 사람들은 노화를 퇴보 상태로 간주한다.

12) 정기 간행물 *La Revue de l'Ires*, nº 80, 2014년 1월호의 특집 기사 참고.

고정 관념들이 고용주의 행동에 영향을 미칠 수 있다. 예를 들면, 나이 든 직원은 덜 생산적이고, 신기술 적응능력이 취약할 것이며, 변화에 주저하는 태도를 보이고, 학습에 어려움을 겪을 것이라는 생각 등이 그것이다. 하지만 이와는 반대로, 현대의 인간 공학은 노화가 진행될수록 일과 관련된 것뿐만 아니라 나와 타인에 관한 경험이 확대된다는 사실이다.[13] 기업이나 조직체에서 노령 직원들의 경험을 인정하고 그의 경험을 펼칠 수 있는 수단을 제공한다면, 그들도 자신의 업무 능력을 유지할 수 있을 것이다. 노동 상황이 변하더라도, 경험 많은 직원들의 특성을 고려하고 변화에 맞추어 직원 교육 및 지도 방식을 정한다면 이는 충분히 가능한 일이다. 고용주가 생각하는 노령 직원의 평균 나이는 높아졌지만, 채용 연령에 제한을 두는 것 자체가 문제이다. 노화는 지속적이고 가변적인 과정이기 때문이다.

그럼에도 불구하고 '나이가 들면 노동 수행 능력이 저하되는가?'는 자주 제기되는 질문이다. 이 질문을 숙고해보면, 답은 그리 간단치 않다. 감각 능력, 신체 능력, 인지 능력은 사람마다 다른 방식으로 감퇴한다. 대개 여전히 직업 활동을 하고 있는 노년층은 이러한 변화에 개의치 않는다. 또한 모든 능력에서 이와 같은 감퇴 현상이 나타나는 것은 아니며, 각 능력 간의 보완 작용도 이루어질 수 있다. 예를 들면, 시력이 떨어지면 촉각을 더 많이 사용한다. 일은 그 자체

13) 발레리 푸에요(Valérie Pueyo), 발레리 자라-메이랑(Valérie Zara-Meylan), 《일하면서 늙는 것에 대한 인간 공학적 접근》, 안 졸리베(Anne Jolivet), 안-프랑수아즈 몰리니에(Anne-Françoise Molinié), 세르주 볼코프(Serge Volkoff), 《은퇴 이전의 노동》, Liaisons sociales, 2014.

로 노화에 영향을 미친다. 육체적으로 힘든 활동을 하면 생물학적 노화가 더 빨리 일어나게 된다. 반면, 어떤 분야에서 지속적으로 지식을 쌓는 활동을 한다면 이는 자신의 능력 개발에 도움이 될 수 있다. 또한 노동을 통해 어떤 상황이나 상태를 파악할 수도 있는데, 예를 들면 청각이 좋지 못하여 잡음이 있는 상황에서 불편을 느낀다거나, 정보들이 일관되지 않아 이를 즉각적으로 암기하는 것이 어려운 경우 등을 들 수 있다. 우리는 노동에 '의해' 늙게 되고, 노동을 '하기에는' 너무 늙었을 수도 있다. 또한 일과 관련된 것뿐만 아니라 자신의 경험도 포함해서 경험을 통해 일의 리듬을 잘 조절함으로써 능력의 감퇴를 보완할 수 있다. 예를 들어, 급한 상황을 피하기 위해 일을 미리 해둔다거나, 시간과 노력이 덜 드는 방식을 찾는다거나, 동료들과 합의하여 적절한 업무 분담을 한다거나, 자신에게 더 잘 맞는 부서로 옮길 수도 있다.

노년층의 직업 경험을 강조하다 보면 또 다른 선입관을 가질 수 있다. 나이 많은 직원은 젊은 직원에게 자신의 지식을 전수해 줄 수 있기에, 그들이 경험을 근거로 고용 유지를 정당화하고 보장할 수 있다고 생각한다. 이는 '세대 계약(contrat de génération)'의 기본 방침 중 하나이다. 실제로 기업에서 노령 직원이 차지하는 비율은 점점 증가하고 있지만, 은퇴하는 사람들도 굉장히 많다. 그러므로 이런 현실에서 보존하고 개발하며 쇄신하는 것은 중요한 문제이다. 하지만 단순히 젊은 직원(초보자로 가정)과 나이 든 직원(경험이 많다고 가정) 사이에서만 지식의 전달이 이루어지는 것이 아니다. 이 지식 전달이 제대로 이루어지기 위해서는 무엇보다도 업무 방식을 고려해야 한다. 따라서 50세 이상 노동자의 고용을 유지하는 것은 단지 나이 든 직원들을 '관리'하는 해결책을 의미하진 않는다. 이러한 방침의 주요 목표는 나이와 경험에 적합한 학습 방법을 고려한 교육, 경력의 변화(최근 몇 년 포함), 업무 부적격 방지 및 건강상의 문제 예방(직업 경력 재고 포함), 근로 조건 및 업무 방식에 대한 숙고(일의 재량권을 주거나 보존하고, 일과 관련하여 배움의 기회를 제공하며, 업무의 다양성을 유지하는 것) 등을 통하여 일생 동안 '능력'을 유지하는 것, 더 나아가 그 능력을 발전시키는 것이다. 이는 또한 근로 조건, 재량권, 선택 등의 문제들과 관련된 '지속 가능한 노동' 조건을 수립하는 것이기도 하다.

4. 노년공학과 실버 경제의 가치제고

프랑스에서 인구 노령화는 주요 경제적 쟁점이다. 이에 노년층의 특별한 요구를 고려하면서, 경제 성장을 충분히 활성화할 수 있는 방안에 대한 많은 논의가 진행되고 있다. 여기서 드러나는 실버 경제의 첫 번째 공로는 사람들의 머릿속에 뿌리박힌 선입관이었다. 즉 노화를 프랑스 쇠퇴의 근본 원인으로 생각하는 것에 맞섰다는 것이다. 많은 경제 전문가와 평론가들은 주름 많고, 머리가 하얗게 센 나라는 더 이상 세계화와 기술 혁신의 거대한 흐름에 맞설 수 없다고 생각했다. 실제로 퇴직자들은 미래 경제나 디지털 인프라보다는 건강, 안전, 취미 활동을 위해 투자하고 싶어 한다.

하지만 현재, 실버 세대 덕분에 다양한 가능성이 열리고 있다. 예를 들어, 2020년까지 350,000개의 일자리 창출이 예견되는 고용 창출과 기술 · 사회 · 문화적 혁신, 노인의 필요와 용도에 맞춘 새로운 상품 개발, 서비스 분야의 신직종 창출 등을 들 수 있다. 노년층의 기대를 충족하는 서비스 및 해결책의 공급을 한 분야로 통합하고 이에 따라 실버 경제라는 분야가 탄생했다는 것은, 새로운 인구 상황(노인) 또한 국가 발전의 지렛대가 될 수 있다는 점을 시사한다.

노인들을 위한 대책들은 대개 주위 사람들을 안심시키고, 인력의 부족을 메우거나, 지나치게 비용이 많이 드는 인간의 노동력을 대체하기 위한 감시, 경보, 관리 시스템 중심으로 이루어지고 있다. 이와 같은 시스템은 인간의 역할을 보완할 수 있겠지만, 인간의 존재 자체와 호의를 대체할 수는 없을 것이다. 인간성이 상실되고 복잡한 이 시대에 인간의 존재, 사회적 관계, 동반, 보살핌보다 더 본질적이고 중요한 것은 없기 때문이다. 그럼에도 불구하고 필요에 따라 노년 공학(gerontechnology)은 비약적으로 발전하고 있다. '코봇(cobot)'은 몸이 불편한 노인을 돕는 협업 로봇(collaborative robot)이다. 하지만 현재 대부분의 노인들은 서비스 로봇이 자신의 집에 들어오는 것을 달가워하지 않으며, 로봇이 인간의 존재를 대신할 거라고 믿지도 않는다. 어쨌든 노년 공학 기술이 가져다준 이로움 중 하나는 원격 진단처럼 원거리에서 어떤 작업을 하거나 추이를 지켜보는 것인데 이 일이 가능해졌다. 원격 진단을 활용하면, 스트레스를 받으면서 굳이 많은 비용을 들여 멀리 있는 병원에 가지 않아도 된다. 또한 원격 기술은 원거리로 인해 발생되는 문제들을 감소시킴으로써, 몸이 불편한 사람과 그의 가족 간의 연락을 쉽게 한다. 현재, 프랑스인 중 93%는 기술이 특히 신경 퇴행성 질환을 앓고 있는 사람들의 상황을 개선할 수 있다고 생각한다.[14] 디지털 기술 덕분에 전 국민 모두가 어디서나 공평하게 이러한 혜택을 누릴 수 있게 되었다.

프랑스 인구 중 60세 이상이 차지하는 비율은 21%이다. 농촌 지역에서는 그 비율이 평균 27%에 달한다. 이와 관련하여 현재 독창적인 시도들이 제안되고 있다. 예를 들면, 유일하게 프랑스 전역에 진출해 있는 우체국은 새로운 방법을 도입했다. 그들만의 독자적인 강점이기도 한 90,000명의 우편집배원 인력을 기반으로 자치 단체나 상호공제조합, 보험사, 퇴직 보조 연금 기금 등의 기관에 'Cohesio'라는 서비스를 제공하였다. 이는 우편집배원이 배달할 우편물이 없어도 매일 노인을 방문하는 서비스로, 그는 자신이 방문한 노인 고객과 인간적인 관계를 맺고 안부를 물으며, 여러 예방 조치에 관한 조언을 해 주고 문제가 있을 시 신고할 수도 있다. 이렇듯 우리는 인간 중심주의의 관점을 경제적 합리성과 긍정적인 방식으로 결합해 볼 수도 있다. 노년층의 안락함과 일상생활 개선이 주 목적인 고기술 집약 상품이나 서비스를 공급하는 방식은 주로 주거와 관련되어 있다. 다소 복잡할 수도 있으나 완비된 시설을 갖춘 홈오토메이션(Home automation)이 바로 그것이다. 홈오토메이션은 집 안에서 밤에 넘어지지 않도록 발이 닿는 곳에 불을 밝히는 기능에서부터 덧창이나 문을 여닫거나 조명을 켜고 끄는 자동 조종 장치 및 세면실과 화장실 개조에 이르기까지 그 범위가 매우 넓고 방법들 또한 다양하고 흥미롭다.

14) Tns Sofres가 상호공제조합(Mutuelle générale)의 의뢰로 2014년 10월 실시한 설문 조사.

그러나 복잡한 특성과 많은 비용, 유지의 어려움 등으로 인해 종종 문제가 발생하기도 한다. 이 외에도 자치 단체의 투자 능력은 또 하나의 한계로 제시된다. 말하자면 자치 단체가 주민들의 필요를 충족하고, 그들이 자신의 집에서 탈 없이 지낼 수 있도록 돕는 조치들을 수행할 투자 능력이 있느냐는 것이다. 공영 주택 분야에서부터 프랑스 기업 코지딤(Cogedim)에 이르기까지 엄청난 수의 업계 관계자들이 실버 세대의 기대를 만족시킬 수 있도록 다양한 주택을 개발하고 있지만, 이와 같은 주택의 분배는 현재 해결하기 어려운 문제로 남아 있다.[15] 아무도 '노인'으로 취급받고 싶어 하지 않기에 이러한 주택에 거주하는 것 또한 거부하기 때문이다.

이와 같은 접근 방법은 교통수단 및 이동성과도 관련된다. 움직일 수 있는 능력은 노인들이 자존감을 유지할 수 있게 한다. 이로 인해 독립성이 유지될 수 있고, 사회생활이 가능하기 때문이다. 신차 구매자 평균 연령이 54세이고, 일부 모델의 경우 구매자의 2/3 이상이 퇴직자라는 사실이다. 서비스와 소비가 중심이 되는 사회의 산물이자, 경험이 풍부하고 통찰력 있는 오늘날의 프랑스 노인들은 특히 교통수단, 주거 환경과 같은 일상생활의 주요 부문에 대해 관심을 보이며, 더 나은 해결책을 요구하고 있다. 설문에 참여한 사람들 가운데 1/3은 교통수단과 주거 환경 공급이 자신들의 필요를 충족하지 못한다고 응답하였다. 노인에게 적합한 시설 작업을 할 시에는 청각 같은 감각 상태, 편안함, 공간 변경 가능성 등을 고려해야 한다. 그렇다고 반드시 집이나

15) TNS Sofres가 프랑스 회사 코지딤(Cogedim)의 의뢰로 2014년 11월에 실시한 연구.

차량을 전자기기들로 가득 찬 우주 기지처럼 바꿀 필요는 없다.

실버 경제는 2013년 당시 노인부 장관이었던 미셸 들로네(Michèle Delaunay)로부터 시작되었다. 이는 국가가 새로운 역량을 되찾고 질적 성장을 하는 데 기여함으로써 노인 문제의 이미지를 바꾸는 데 일조하였다. 사실, 노령화 사회에 적합한 방향 설정 및 계획 수립에 관한 법과 실버 경제의 가치를 제고하는 방안은 상호 보완 될 수 있다. 그러므로 이와 같은 법을 통해 건강 이외의 다른 관점에서 점진적으로 노화 문제를 다룰 수 있도록 긍정적인 반향을 이끌어야 할 것이다. 결과적으로, 프랑스는 30년이나 앞선 일본의 사례를 답습하려 하고 있다. 일본은 일찍부터 새로운 인구 상황을 예상하여 이를 혁신과 경제 발전의 원동력으로 삼았기 때문이다. 2015년 일본의 실버경제 시장 규모는 6,920억 유로에 이르렀는데, 프랑스의 실버경제 시장 규모는 2015년부터 2020년까지 1,300억 유로에 달할 것으로 예상된다. 그렇다면 실버 경제는 침체된 경제의 새로운 이상향인가?

5. 은퇴 이후의 삶의 방식에 대하여

비영리 단체인 '프랑스 자원봉사(France Bénévolat)'의 2013년 발표 조사에 따르면, 65세 이상 인구의 36%가 자원봉사 활동 단체에 참여하고 있다.[16] 이 비율은 이에 참여하는 프랑스인의 평균 비율 25%보다

16) 프랑스 자원봉사(France Bénévolat), 《자원봉사에서 노인들이 차지하는 자리》, 2014.

높은 수치이다. 이들은 다른 연령대의 사람들보다 더 성실하며, 현재 자원봉사 단체의 절반은 퇴직자들에 의해 운영되고 있다. 사회 활동에 참여함으로써 노년층은 고립에서 벗어날 수 있고, 스스로를 쓸모 있는 사람으로 느낄 수 있다. 은퇴 이후 제2의 인생을 시작한다고 생각하는 퇴직자들은 사회에서 자신의 새로운 보금자리를 찾는다. 이를 통해 은퇴가 사회적 죽음이 아님을 보여준다.

안-마리 기마르(Anne-Marie Guillemard)는 1992년에 프랑스 퇴직자들에 관한 대규모의 설문 조사를 처음으로 실시한 사회학자이다. 그녀는 사회생활에서 소외된 퇴직자에 주목했다. 당시 특히 빈곤층은 "대개 은퇴를 사회적 소외라는 극단적인 방식으로, 나아가 사회적인 죽음으로까지 생각"했다.

이와 같은 연구 결과는 시간이 지남에 따라 타당성을 잃어갔다. 안-마리 기마르는 현실에 맞게 자신의 연구를 수정하였다.[17] 오늘날 건강 상태나 연금 수령액과 관련된 은퇴 시의 생활 조건은 이전보다 더 나아졌다. 특히 상위 계층에 속하는 퇴직자들은 여러 활동에 참여하고 다양한 사람들과 사회적 교류를 맺고 있다. 일례로, 은퇴하기 전까지 영업 팀에서 일했던 76세의 안-마리는 "저는 항상 그림과 음악을 좋아했습니다. 은퇴한 후부터 역사, 미술 등에 관한 강의를 들으러 다니죠."라고 말한다. 정치학 박사이자 공공 기관에서 간부를 지낸 장-피에르는 지금 무보수로 라디오 방송에 출연하고 있다. "저는 지금 비영리 라디오 방송국에서 문학 칼럼 일을 맡고 있습니다. 저는 오래전부

17) 안-마리 기마르(Anne-Marie Guillemard), "사회적 죽음으로서의 은퇴부터 연대적 은퇴까지", *Gérontologie et Société*, nº 102, 2002/3.

터 문학에 열정이 있었죠."

하지만 은퇴는 단지 여가를 위한 혹은 충족되지 않은 열정을 매우는 시간만은 아니다. 안-마리 기마르에 따르면, 사회 활동과 시민 활동에 적극적으로 참여하려는 노인들이 점점 더 많아지고 있다. 이런 맥락에서 은퇴 이후에 새로운 삶을 사는 방식, 즉 연대적(連帶的) 은퇴[18]가 현재 새로운 사안으로 대두되고 있다. 이로써 노인들은 단체 활동에 참여하고, 세상을 이해하기 위한 새롭고 유용한 지식을 습득함으로써 완전한 권리와 자격을 갖춘 시민으로 존속할 수 있기 때문이다. 이러한 경향은 일례로 노인 대학이 증가하는 것을 보아도 알 수 있다. 모든 사람에게 열려 있는 이와 같은 기관들은 사회 과학이나 예술, 심리학 등 다양한 주제에 대한 강연이나 워크숍을 제공한다.

오늘날 퇴직자들이 혁신을 일으키고 있다. 물론 모든 퇴직자들이 활동적인 삶을 사는 것은 아니다. 앞에서 인용한 프랑스 자원봉사(France Bénévolat)의 연구는 "활동에 참여하는 것이 익숙한 사람들은 자원봉사 활동을 하는 데 아무런 문제가 없다."는 점을 강조한다. 그러나 자신을 사회적으로 불필요한 존재로 여기는 퇴직자들은 외부 세계와 단절된 채, 어떠한 단체에도 참여하지 않는다. 이러한 차이점에도 불구하고, 현재 전반적인 추세에서 볼 때 남성이든 여성이든 적극적인 참여 활동을 적극적으로 하는 퇴직자들이 점차 늘어나고 있다. 노인들의 행동에는 그들만의 주장이 은연중에 드러나 있다. 교양을 쌓

18) '연대적(連帶的) 은퇴'란 노인들은 자발적으로 단체 활동에 참여하며, 완전한 권리와 자격을 가진 사회적 주체이자 시민으로서의 자신의 역할을 유지하기 위해, 적극적이고 유익한 사회 활동자로 남고 싶어한다.

고 정보를 얻으며 함께 모여서 참여하는 모든 활동은 소비만을 중시한다는 퇴직자의 전형적인 이미지에 대한 거부이다. 이는 또한 나이가 들면 하루하루를 '보내는' 것이 목표이며, 뜨개질을 하거나 휴식을 취하는 데 대부분의 시간을 할애하는 것이 당연하다는 인식을 거부하는 것이기도 하다. 안-마리 기마르에 따르면, 퇴직자들은 생애의 마지막 단계에서 혁신을 일으키고, 자유롭게 할 수 있는 새로운 형태의 일을 고안하며 다채로운 일과를 즐긴다. 이것은 세대에 걸쳐 오랫동안 지켜져야 할 교훈이 고령화 시대를 맞아 고령화 된 사회의 방향성을 생각할 때 노령의 퇴직자들의 활동은 사회의 미래를 밝힐 수 있기 때문이다.

삶의 심리학적 완성

— 심리학적 시각으로 본 노화, 성숙 및 죽음

진성오_공감정신의학과 의원 부설 공감 심리연구소 소장

포스트휴먼시대의 노년

삶의 심리학적 완성
— 심리학적 시각으로 본 노화, 성숙 및 죽음

몇 해 전 일본의 한 일반인 대상 하이쿠 시 대회에서 일등한 시가 있다. 다음과 같다.

> 나는 연상이 좋은데
> 만날 수가 없네…

특별할 것 없어 보이는 이 시는 나이 78세의 아마추어 시인이 썼다고 한다. 다행인건 이 아마추어 시인의 나이에 가까워지는 분들은 시에서처럼 연상을 만나지 못해 걱정할 필요가 없을 듯하다.

과학 기술로 인간 수명이 늘어나 노년기를 인생의 약 1/3가량 보내게 될 것이며 65세 이상의 노인이 전체 인구 중 7~14%가 될 것이다. 통계청 자료에 의하면 한국의 경우 2012년 기대 수명이 남자가 77.9세 여자가 84.6세로 급격히 증가하여 대부분의 78세 남성들은 이론적으론 원하면 연상의 여성을 만날 수 있게 된다. 그렇다면 노인이라는 말은 이제 인생 마지막 어딘가의 시간에 있는 어떤 사람들을 일컫는 단어가 아니라 대부분 사람들에 해당하는 평균적인 어떤 경험을 지칭하는 것이 될 수 있을 것이다.

심리학의 많은 이론들은 사실 인생 초반 발달을 매우 중요하게 생각했다. 즉, 대부분의 인간은 가장 말랑말랑하고 변화되기 쉬운 탄생으로부터 몇 년 동안 삶의 경험을 하고 성격부터 대부분의 심리적인 것들이 형성되어 6년 혹은 길게 봐서 20년 정도에 단단한 시멘트처럼 굳어진다고 가정했다. 그러다 보니 발달 연령의 구분도 초반이 매우 촘촘하며 정밀해서 몇 개월 단위로 구분하기도 했고 20세가 넘어가면 그냥 완성된 인간으로 정해진 수명까지 그대로 유지된다는 암묵의 동의가 있었다. 또 현재 발달심리학에서 말하는 발달도 은연중 초기 영유아기부터 성인까지의 시기만으로 생각하였다고 볼 수 있다.

프로이트도, 융도, 피아제도 그렇게 생각했고 심지어 뇌 발달을 연구하는 과학자들도 뇌란 한번 형성되면 더 이상 뇌세포가 새로 생성되지 않으며 서서히 죽음을 맞이할 때까지 있는 뇌세포를 잘 절약해서 써가며 살아야 한다고 생각했다. 그나마 정신 분석가였으며 심리학자인 에릭 에릭슨만이 프로이트의 아주 짧은 인간의 발달을 65세까지 늘려 놓았다. 하지만, 기껏 늘려 놓은 게 65세로 위에서 말한 통계청 자료로 보면 어쩜 78세인 사람이 보면 애송인 나이를 인생의 황혼으로 분류해 둔 것이다. 그러니 이제 100세 시대라는 말을 진실로 받아들인다면- 진실이 되어가고 있다- 우리는 싫던 좋던 원하던 원하지 않던 어부지리로 얻어진 거의 30년에서 40년의 새로운 시간을 살게 될 것이고 그냥 막 살 것이 아니라면 그 시간을 이해해야 하는 상황에 처하게 된 것이다.

이런 의미에서 어쩜 인류 역사에서 처음 늙는다는 것, 즉 노화라는 것과 늙은 사람이라고 말되는 노인이 진정으로 출현하는 시대를 살고 있는 것이다.

이런 의미에서 보면, 몸의 노화는 어쩜 가장 직접적으로 늙는다는 것에 직격탄을 맞기 때문에 수많은 사람들과 전문가들이 관심 있어 하는 주제이며 또 실제 많은 연구자들이 불로양생을 위한 금단의 약을 찾기 위해 신체에 대한 연구를 가열차게 하고 있어 대중적으로 많이 잘 알려져 있기도 하다. 하지만 늙는 몸에 담긴 영혼 혹은 마음의 노화를 어떻게 이해할 것인가에서는 이제 그나마 조금씩 의미를 찾아가기 시작했고 한편으론, 의미를 만들어야 할 책임도 깨닫기 시작했다고 볼 수 있다. 그래서 발달 심리학에서도 발달의 의미를 사실 오래전부터 태어나서 죽을 때까지를 연구의 대상 연령으로 인식하여 '전 생애 발달'이라는 개념으로 접근하고 있다. 이는 점점 늘어나는 노년 인구와 수명의 증가를 학문적으로 놓치지 않으려는 심리학적 노력의 일환이기도 하다.

이런 맥락에서 필자와 함께 마음은 어떻게 늙어가는지 그리고 늙어가는 몸과 마음을 어떻게 이해해야 할지, 또 누구나가 받아들여야 하는 죽음이란 것을 심리학적인 시각에서는 어떻게 볼지에 대해 짧은 여행에 초대하는 초청장을 보낸다.

노인은 몇 살 부터?

자 그럼, 우선 우리가 말하는 노인이라는 표현이 몇 살 부터인지 따져 보자. 농촌 모임에서 70세 청년들은 80세인 형님들 수발을 들어야 한다는데 우리는 노인의 나이를 몇 살로 볼 것인가?

2011년 보건복지부의 조사에 따르면 한국인은 평균 노인의 나이를 66.7세로 간주한다고 한다. 몇 년 전 자료이지만 어찌 보면 현재까지도 해당될 법하다. 법적으론 60세부터 65세를 노인으로 정의하고 있다. 또한 UN이나 EU 등에서는 65세부터 노인으로 규정하고 있다. 위에서 언급한 심리학자인 에릭슨은 65세 이후를 노년기로 분류하였고 이 나이에서의 발달 과제는 '자아통합 대 절망감'이라고도 하였다.

발달 심리학자인 하비거스트는 우리가 말하는 노년기를 '성인 후기'라고 하여 60세 이후로 정의하였다. 또한 일부의 노인 학자들은 65세 이상의 노년기를 다시 구분해서 65세부터 74세까지를 초기 노년기, 75세부터 84세까지를 중기 노년기, 85세 이상을 후기 노년기로 구분하였다. 이런 면에서 노령화 사회라는 의미를 나이로 보면 85세의 인구가 증가하는 것으로 간접 해석할 수도 있을 것이다.

노년기에 변화하는 것들

몸의 변화들

나이를 먹어가는 것이 결국 몸과 마음의 변화라 본다면 간단히 신체적인 노화에 대해서도 알아보자.

우선, 신체 변화에 대한 주관적인 느낌이 심화되는 나이는 50세부터이다. 전반적인 체력이나 건강 상태가 저하되며 나이를 먹어갈수록 이러한 현상이 더욱 가속된다. 그래서 예전 같지 않다는 느낌이 들고 직접적으로 투정하듯 표현하기도 한다. 외형 측면에서 보면 우선 40대부터 줄어드는 신장이 평생 약 2~5cm씩 줄어들게 된다. 50세를 넘기면서 신체의 피하지방이 소실되고 몸이 둔해지면서 근력을 상실하게 된다. 이러한 변화가 지속되면서 70세가 되면 다리의 근육이 상실되며 뼈의 밀도와 강도가 감소하여 쉽게 골절이 될 수 있고 골절이 한 번 되면 잘 붙지 않게 된다. 또한 피부색도 변화가 일어나 탄력을 잃고 쳐지고 시커먼 색인 검버섯이라고 불리는 색소의 침착이 일어난다.

좀 더 구체적인 신체 변화를 살펴보면, 우선, 첫 번째로 신체 퇴화를 들 수 있다. 호흡기능이 줄어들면서 호흡곤란, 호흡기 질환 등이 나타날 가능성이 높아진다. 더불어 심혈관 기능 역시 저하되면서 혈관 벽의 문제로 동맥경화증이나 고혈압 등의 문제가 나타날 수 있다. 특히, 유전적인 특성이 더 강하게 나타날 수 있어 부모님들이 가지고 있는 다요인 질환(고혈압, 당뇨 등)이 나타날 수 있다. 소화 기관의 경우 위액 등 분비가 감소하고 미각과 치아의 약화로 인해 더욱 영양섭취에 지장을 초래할 수 있다. 더불어, 호흡기와 순화기 기능의 약화는 신체의 산소 공급을 감소시켜 신진대사 속도를 늦추는 효과가 있으며 열량의 소모도 감소하게 만들며 노화를 촉진할 수 있다.

두 번째의 신체 퇴화는 감각 기능의 쇠퇴이다. 노화가 진행될수록 시각, 청각, 미각, 후각 등의 감각 기능이 둔감해지고 노안 현상이 40세 이후 시작된다. 60세가 되면 거의 근거리 물체에 대한 초점을 맞추기 힘들고 어둠에 적응하는 것도 힘들어져 밤활동이나 밤에 시력을 활용하는데 어려움을 경험하기 시작한다.

청각은 대표적으로 감퇴되는 영역이다. 특히 55세 이후 급격한 청각의 저하가 시작되는데 퇴행성 변화로 인한 청력이 약해지는 노인성 난청을 경험하게 된다. 이는 단순히 귀의 문제에 해당되는 것뿐만이 아니라 귀의 내에서 대뇌피질에 이르는 청각 시스템 전체의 반응이 감소하는 것이며 중추신경계의 반응 감소도 영향을 준다.

미각과 후각은 60세 이후 급격히 감소한다. 약 3000개에서 1만개 미뢰 속의 미세포가 감소하기 시작하여 80세가 되면 맛을 구별하기 어려워진다. 그래서 며느리의 음식 맛을 투박하는 늙은 시어머니는 음식이 싫은 게 아니라 며느리를 싫어하는 것일 수 있다. 이때 며느리는 시어머니가 시키는 그대로 했다고 하면서 같은 음식을 다시 갔다 줘도 시어머니는 맛이 바뀌지 않았다는 것을 느끼지 못할 수 있다. 다만, 맛과 후각은 개인차가 커서 건강 상태에 따라 노화의 수준에 차이가 난다. 더불어 미각과 후각의 감퇴는 인지기능의 저하와도 연관되어 있어 치매의 전조 증상 중 하나이다.

세 번째로 감퇴되는 영역은 촉각이다. 촉각은 50대 중반까지 일정하게 유지되다가 이후 감퇴하게 된다. 촉각 둔화는 온도 식별 기능이 저하되어 화상이나 상처를 입기 쉬운데 이유 중 하나가 감각이 떨어져 접촉 강도가 높아야만 인식하게 된다. 또한 감각 기능과 관련된 뉴런의 감소로 통증 감각도 떨어진다. 그래서 뜨거운 열탕에 들어간 할아버지의 '시원하다'는 말을 믿은 손자는 뜨거운 물에 델 수 있는 것이다.

신체 노화는 성기능의 변화도 야기할 수 있다. 그러나 여기에는 대중의 인식과 실제 성적인 노화 간에 다소 오차가 있다. 우리는 나이를 먹으면 성욕이 감퇴하고 줄어들어서 저절로 성인군자가 되는 것으로 오해하는데 이는 일종의 문화적 편견에 가깝다. 실제 많은 노인들이 성생활을 지속적으로 유지하고 있으며 성적인 욕구도 일정 정도 유지하는 것으로 알려져 있다. 다만, 젊을 때만큼의 횟수나 성욕의 빈도만큼은 유지하지 못하는 것도 사실이다.

특히, 이러한 성기능의 변화는 호르몬의 감소와 연관되는데 이러한 신체적 변화뿐만이 아니라 한편으론 성적 경험을 할 대상의 사별이나 사회문화적인 관습이 성기능에 더 영향을 미칠 수 있다. 또한, 성기능은 심리적 요소와 연관되는 영역이 많은 기능 중 하나여서 성적 행동의 변화가 꼭 신체적 노화라는 부분에 대해서는 논란이 많다.

마지막으로 언급할 신체 노화는 전반적인 신경반응 속도의 저하이다. 머제니치라는 학자는 신경반응의 속도 저하를 중요한 뇌기능의 노화라고 표현한다. 즉 뇌연결망인 시냅스 간의 정보처리의 반응 속도의 저하가 외현적으론 운동, 문제해결, 기억 및 정조처리 과정 등에서의 저하를 야기하고 복잡한 정신과정을 요구하는 과제에서는 더욱

이러한 둔화가 두드러진다고 한다. 이러한 신경반응 속도는 20대 중반에 최고조에 도달하고 이후부터는 점진적으로 감퇴되는 경향이 있다. 이러한 반응 속도를 지능의 일종으로 보면 소위 말하는 정보처리 속도와 지각 추론 능력이라고 말하며 이러한 능력은 어려서부터 타고난 능력으로 일생에 큰 변화는 없으나 나이를 먹어가면서 점진적인 저하를 보인다고 할 수 있다.

신경반응속도 저하의 또 다른 원인으로는 위에서 말한 시냅스의 화학적 정보 전달에 영향을 미치는 신경전달물질의 감소도 해당된다. 즉, 인간이 생각하고 판단하는 화학적 모습에 중요한 요소인 신경전달물질이 노화로 인해서 그 양 자체가 감소하게 돼서 자극에 반응해야 하는 뇌의 활동이 필연적으로 무뎌지게 되는 것이다.

다른 원인으로는 낮은 동기 수준도 원인이 될 수 있다. 나이를 먹으면 대체로 무기력한 모습과 초조한 모습을 갖게 되는데 이는 위에서 설명한 생물학적 요인 외에도 심리적인 측면에서 오히려 생물적 노화를 촉진하는 요소로 작용할 수 있다. 다양한 삶의 경험과 기억이 경험에 대해 새로운 느낌을 갖지 못하게 하여 일종의 '내가 해봐서 아는데'와 같은 심리 상태와 연관되어 실제 새로운 경험이 될 수 있음에도 불구하고 기존의 경험의 반복에 지나지 않는다는 심리상태가 전반적인 생활이나 새로운 자극들에 대해 무기력하며 호기심을 잃는 경험을 하게 할 수 있다.

요약하면, 연령 증가에 따라 신체 변화는 개인차가 심해 어떤 사람은 신체 연령이 소위 말해 청춘일 수 있다. 이러한 희망적인 말은 반대에도 해당하여 젊은 사람이 오히려 노인에 해당하는 신체 상태를 가질 수 있다는 절망적인 말도 된다. 또한, 노화의 불행한 점은- 당연한 것이지만- 변화가 신체 기능이 쇠퇴하는 방향으로 일어난다는 것이다. 더불어, 이러한 쇠퇴가 특정한 기관을 중심으로 일어날 수도 있으나 기본적으로 전체 영역에서 동시다발적으로 일어난다. 마지막 안 좋은 소식은 이러한 쇠퇴가 비가역적이어서 엔트로피처럼 되돌릴 수 있는 것은 일시적이며 언젠가는 죽음을 맞이하는 방향으로 향하게 된다. 그래서 인간의 영원한 젊음을 유지하려는 필사적인 노력에도 불구하고 현재론 아무리 아름다운 모습이어도 결국 늙고 병들고 무너지게 되어 있다. 기껏 해봤자 몇 년 혹은 몇십 년 늦출 뿐이다.

이러한 신체적 노화와 조율되어 심리적인 노화 혹은 변화를 맞이하게 된다. 그렇다면 나이를 먹는다는 것이 심리적으로 어떤 변화를 야기하는지 본격적으로 알아보자.

마음의 변화들

독자에게 좋은 소식 하나를 전하면 -위안이 되길 바란다- 신체적인 늙음이 실패인? 느낌을 준다면 마음의 노화는 더 좋은 성숙과 성장과 발달이라는 신체 노화와는 반대의 성질을 가질 수도 있다는 점이다. 물론, 이 말은 젊음 아니면 아무것도 아니라는 철학을 가진 사람에겐 하나 마나한 이야기일 것이다. 하지만, 노화가 주는 열매는 의외로 달콤한 것일 수 있다. 우선, 마음의 노화에는 좋은 소식만 있지 않고 나쁜 소식도 있다. 나쁜 소식부터 전해 보겠다.

첫 번째 마음 변화 중 하나는 지적 능력의 변화이다. 위에서 한번 언급했지만 지적 능력은 20대까지 쭉 늘어난다. 특히, 언어적인 능력은 경험에 따라 매우 직접적인 모습으로 늘어난다. 다시 말해, 열심히 단어를 사용하고 배우면 지속적으로 늘어날 수 있다는 말이다. 강압적이어도 늘어난다. 그러나 이러한 증가도 나이를 먹어가면서는 주춤해지며 신체의 노화에 맞춰 저하된다. 그래서 지능, 주의력, 기억력, 정보처리 속도, 추상적 사고 능력 등 일생에서 일을 하고 배우는데 필요한 기능들이 저하되기 시작하는 것이다. 이런 이유로 경험철학 측면에서 선조들은 '배움에도 때가 있다'고 한 것일 것이다. 그러나 여기서 한 가지 희소식은 지능 저하는 일반적인 측면을 이야기한 것이지 세분화해 들어가면 거꾸로 역행하는 것도 있다. 즉 나이를 먹을수록 더 효율성이 늘어나는 것들이 있다. 또는 비교적 변화가 더딘 것도 있다.

예를 들어, 속도를 요하는 과제들이나 민첩성에 관련된 과제들은 노화에 맞춰 힘들어지고 어려워진다. 반면, 어휘력, 일반상식, 이해력, 타인에 대한 공감능력, 통찰력, 전체를 조망하는 능력 등은 오히려 더 증가할 수 있다. 이런 면에서 노년에 더 많은 성취를 보이는 위인들의 이야기가 여기에 해당한다. 관련해서, 머제니치란 위에서 언급한 학자는 90세이지만 인지적 능력은 20대 후반 수준인 사람들에 대해서 언급하는 책을 쓰기도 하였다. 이런 면에서 보면 신체의 노화를 넘어서는 마음의 훈련이 존재한다는 희소식을 전하고 싶다.

기억력은 분명 감퇴한다. 특히 단기 기억력은 확실히 현저하게 감소한다. 그래서 단기 기억의 저하는 새로운 기억들을 저장하는데 치명적인 약점으로 작용하여 노인들로 하여금 경직성을 야기하고 고집 세고 과거만을 들먹이는 인상을 주는 실질적인 이유가 되기도 한다. 극단적으로 치매가 나타나는 경우 증상이 심해질수록 최신의 기억을 저장하지 못하며 점점 망각이 시작되어 현재로부터 가까운 기억들을 서서히 잃어가는 경향이 있다. 이로 인해 젊은 시절의 기억으로 노년을 지내는 증상을 보여 60년 전 돌아가신 아버지를 기다리거나 밤에 늦으면 부모님에게 혼난다고 당황하는 행동을 보이기도 한다. 이런 극단적인 모습은 아니어도 단기 기억력의 저하는 노년의 상징과도 같다.

둘째, 변화는 성격 변화이다. 성격은 변하지 않는다고 생각하는 사람과 변한다고 하는 사람들이 서로 의견을 다투는 심리학적 영역 중 하나이다. 노화와 관련되어서도 이런 논란은 동일한 모습이다.

올즈와 펠더만이라는 심리학자는 적대적인 성향을 가진 사람은 나이를 먹어도 그대로 적대적이며 낙관적인 사람은 역시 나이를 먹어도 그대로 낙천성을 유지한다고 주장한다. 반면, 성격도 나이를 먹으면 변화한다고 하는 심리학자도 있다. 로버스와 모젝이라는 심리학자는 성격의 빅5에서 말하는 요소를 통해 다른 사람과 사회적 관계를 잘 맺는 기질인 친화성과 성실함과 연관된 성실성은 점점 나이를 먹으면서 증가하며 외향적인 성향인 외향성과 종교적이며 개인적인 관심사에 몰입하는 성향인 개방성은 감소한다고 주장한다. 상대적으로 벅이란 학자는 나이를 먹을수록 우호적이 되면서 더 잘 수용하나 사교성은 오히려 줄어든다고 주장한다.

나이와 관련해서 이처럼 성격의 변화 여부는 논란이 많다. 한편으론, 성격은 나이를 먹을수록 원래의 성향이 더 극단적으로 변화되는 측면이 있다고 볼 수도 있다. 즉, 감정의 동요나 긴장이 덜해지면서 더 여유롭고 관조적이며 주변에 조화되는 성숙한 형태가 있는가 하면 더 편협하고 고집이 세지고 완고하며 의심이 많아지는 등 아이처럼 되는 미숙한 형태가 있다고도 본다.

특히 성격 변화와 관련해서 몇 가지 특징이 있을 수 있는데 첫째, 내향성의 증가가 뚜렷할 수 있다. 보통, 아동기에 내향적이었던 사람들이 외향적으로 변화되는 경우가 있으며 대부분의 사람들은 자신을 외향적이어도 실제 어려서는 내향적이었다고 표현하고 변화가 있었다고 하는 경우가 있다. 그런데 노화는 전반적으로 내향적인 성향으로 변화를 야기하는 것으로 표현된다.

이는 한편으로 보면, 신체적 활력의 저하와도 연관된다고 볼 수 있다. 특히 은퇴 이후 사회적 활동이 줄어들고 위축되는 측면이 내향성을 증가시키는 요소로 작용할 수 있다. 물론, 타고난 기질은 쉽게 변화되지 않는다. 그러나 신체적 노화 및 사회적 여건의 변화는 활동적인 사람도 조용하며 내향적인 모습으로 비치게 할 수 있다. 또한 외부의 자극이나 환경에 대해 적극적으로 자신의 의견이나 생각을 주장하던 모습에서 원숙미로 볼 수도 있는 소극적이면서 관조적인 모습으로 나타날 수도 있다.

두 번째 일반적인 성격 변화는 경직성의 증진이다. 변화되는 환경 적응에 어려움을 보이며 자신의 경험과 사고방식을 고집하는 경향이 증가할 수 있다. 그래서 인지 기능을 측정하는 검사나 과제에서 노인들은 자신의 실패를 피하기 위해 수행을 하지 않으려고 하거나 쉽게 포기하면서 의미를 두지 않으려는 태도를 보이며 도움을 청하는 주변 사람들의 권유를 의도적으로 무시하고 회피하는 모습을 보이기도 한다. 그래서 괴팍한 늙은이라는 표현은 자신의 생각을 굽히지 않고 고립되는 이러한 경직성을 설명하는 한 경험적 용어라고 볼 수 있다.

세 번째는 조심성의 증가이다. 이는 사실 신체적 감각과 기능의 노쇠와 연관되는 측면이 많다. 시각, 청각, 촉각 및 정보처리 속도의 저하는 주변의 자극을 정확하게 인식하고 처리하는데 어려움으로 작용할 수 있으며 그로 인해 심각한 수준부터 사소한 수준까지 실수를 자주 하게 되고 이로 인해 자신감이 떨어져 조심성이 증가하는 효과로 나타난다. 그래서 노인들은 빠르게 뭔가를 하기보다는 정확하게 천천히 무엇인가를 하는 것을 선호한다. 즉 느려도 정확한 방식을 고집하게 된다.

네 번째는 의존성의 증가이다. 자신의 약해지며 저하되는 신체 및 지적 능력에 대한 성찰은 어떤 사람들에게는 매우 위협적이며 생존을 위협하는 느낌으로 다가올 수 있다. 그래서 나이를 먹을수록 오히려 더 유아적인 모습을 보일 수 있는데 의존성은 이러한 약해짐에 대한 자구책으로 볼 수 있다. 가족구성원에 대한 감정적 유대를 더 중요하게 여기기 시작하고 의지할 사람을 찾으며 물질적인 욕심이 증가하여 적은 돈에 대해서도 욕심을 부리거나 집착하는 모습을 보일 수 있다. 더불어 사랑을 더 갈구하면서 충족되지 않을 경우 더욱 민감하고 예민해지면서 자존심을 상해할 수 있다.

다섯 번째는 나쁜 소식에 가깝다. 사람은 나이를 먹을수록 점점 우울해지는 경향이 있다. 이러한 우울로 인해 때로 치매 증상이 아닌가? 의심받기도 하는데 그도 그럴 것이 젊은 시절의 화려했던 자신에 대한 기억에 비교해서 노화는 신체적 능력이 저하되는 것을 경험하는 것이다. 경제적인 문제를 경험하는 경우 더 절망적인 것이 될 수 있다.

더불어 주변의 애착을 가지던 사람들의 죽음을 경험하고 새로운 경험을 받아들이거나 잘 기억하지 못하는 요인으로 인해 과거 지내오면서 잘못했던 경험이 많은 노인의 경우 자신의 행동에 대한 회한을 경험하고 죄책감으로 인해 우울감을 높게 경험하기도 한다. 특히 이러한 문제는 노인 자살이라는 극단적인 선택을 하는 주요한 요소들 중 하나이기도 하다.

또 다른 심리적 변화 중 하나는 중년 이후부터 보이는 성별의 양성화이다. 40대의 남성이나 여성은 10대인 나이에 10분의 1에 해당하는 성호르몬을 가지고 있다. 이러한 생리적 효과는 남성에게는 점점 여성화되는 효과를 여성에게는 남성화되는 결과를 야기한다. 그래서 중년을 지나면서 밖으로 돌던 남성은 부인의 품 안으로 들어오려고 하고 TV를 보면서 감동적인 장면에 눈물을 흘리기도 하며 여성적인 취향을 가지게 되고 여성은 오히려 밖으로 나가 사회적 활동이나 봉사에 적극적이 되며 자신을 좀 더 주장하고 거칠어져 눈총을 받아도 다소 뻔뻔스러운 행동을 쉽게 하기도 한다. 이러한 경향이 노화를 통해 더욱 강화되는 모습으로 나타날 수 있다.

마지막으로 전하는 소식은 좋은 소식이다. 심리적 변화 중 나이를 먹으면 좋아지는 대표적인 것은 지혜의 발달이라는 것이다. 즉 많은 인지기능 및 지적 능력들이 나이를 먹으면서 감퇴되지만 삶의 경험을 통해 터득하게 되는 지혜와 통찰능력은 젊은 사람들이 가지지 못하는 장점이다. 특히 이 지혜와 통찰능력은 나이를 먹을수록 빛을 바란다고 할 수 있다.

학자들에 따라서는 지혜를 성격적인 요소로 보기도 하고 지적인 능력으로도 보기도 하지만 최근에는 이 두 가지를 통합하여 긍정적인 요소로 정의하기도 한다. 지혜란 모순된 삶의 두 가지 모습을 통합적으로 다룰 줄 아는 것이며 어떻게 보다는 왜에 대한 생각을 제시할 수 있는 능력과도 연관된다. 젊음이 힘과 에너지로 높은 사다리를 마구 올라가는 것이라면 현명한 노인은 왜 이 사다리를 올라가야 하는지를 물을 수 있고 그에 대해 대답할 수 있는 능력을 가진다. 그래서 나이를 먹을수록 자신의 위치가 어디이며 왜 이 일을 하는지 알고 무엇을 견딜지 결정하고 실천할 수 있는 능력이 향상되며 억지로 무엇을 하기보다는 흐름을 따라 때를 기다리고 타인을 이해하는 능력이 점점 늘어나게 된다. 다시 말해 최적의 힘을 현명하게 분배할 수 있는 능력을 터득하게 되는 것이다.

더불어, 삶이라는 항해에서 경험하는 폭풍에도 좀 더 차분하며 조화롭고 평온할 수 있으며 객관적으로 환경과 자신의 감정에 영향을 덜 받을 수 있는 평정심을 유지할 수 있는 능력도 발달하게 된다. 이런 면에서 현인이나 현자가 노인으로 상징되는 이유가 있는 것이다. 또한, 행복 심리학에서 말하는 자신의 상황을 이해하고 받아들이고 수용하는 행복을 위한 중요한 능력을 노화를 통해 획득하게 되는 것이다.

특히 심리학에서는 노화로 얻어지는 지혜를 크게 5가지로 보기도 한다.

첫 번째로 삶의 근본적인 문제에 대한 사실적 지식의 증가이다. 인간의 본성, 대인관계, 사회적 기준과 인생에서의 중대 사건을 이해하고 타인의 감정을 이해하며 모순된 상황에 대한 지식이 풍부해진다.

둘째는, 어떤 문제를 해결하기 위한 지식은 줄어들 수 있으나 그 방법과 절차에 대한 지식과 이해는 늘어난다. 그래서 문제를 다양하게 정의할 수 있으며 조언을 구하거나 하는 방식이 세련되어지며 갈등을 해결하는 실질적인 해결방식을 알게 된다.

셋째는 다양한 맥락에 대한 지식의 증가이다. 노화를 통해 지혜가 늘어나는 요소 중 하나는 삶의 문제들이 단일한 요소로 이뤄지는 것이 아니라 다양하며 다층적인 측면이 있다는 것을 알게 되면서 하나의 사안에 대해서도 다양한 측면이 있다는 것을 알게 되며 그것을 다양한 맥락으로 이해할 수 있는 지식으로 환원할 수 있게 된다. 마치 바둑판에서 하나의 방법으로만 이기는 것이 아니라 다양한 방법을 생각해 낼 수 있는 것과 같다.

넷째는 다양한 가치관을 받아들일 수 있는 능력이 늘어난다. 물론, 위에서 설명한 것처럼 옹고집을 부리는 노인도 있을 수 있다. 그러나 반대의 측면에서 오히려 타인의 다른 가치관을 넓게 수용하고 이해하는 능력이 발달하기도 한다. 그래서 상황이나 개인적인 경험의 차이가 매우 다르다는 것을 이해하고 타인의 입장에 대해 더 유연하며 아량이 넓게 대응할 수 있는 힘을 가질 수 있게 되는 것이다.

마지막 지혜는 인생의 불확실함을 이해하는 것이다. 나이를 먹으면서 점점 깨닫게 되는 것은 삶의 많은 문제들이 완벽하게 해결될 수 없으며 어떤 경우 해결책 없이도 견디면서 지나가야 한다는 것을 인식하게 된다는 것이다. 더불어 젊을 때와 같이 에너지만이 넘쳐서 목표 없이 애만 쓰는 것이 아니라 자신이 가지고 있는 한계를 인식하기 때문에 오히려 효율적으로 행동하고 쉴 수 있는 능력을 가지게 된다.

이러한 모든 지혜는 사실 간단히 요약하면 새로운 것을 배울 능력을 유지하면서 더불어 천천히 활동하고 충동적인 감정과 행동을 다스릴 수 있는 황금비를 찾을 수 있기 때문이다.

그럼, 우린 어떻게 늙을 것인가?

이상의 글에서 노화에 대해 신체적, 심리적 변화들을 살펴보았다. 그렇다면, 우리는 앞으로 어떻게 노화를 맞이할 것인지 이야기해 보자. 또 노화와 필연적으로 연결되는 죽음에 대해 어떻게 준비할 것인지까지 심리적인 측면에서 완성을 이야기해 보자.

에릭 에릭슨이라고 글의 서두에 언급한 프로이트로부터 좀 시간상 떨어진 제자를 언급한 것이 기억날 것이다. 그 에릭슨은 노년기에 해야 될 일을 '자아 통합 대 절망'이라고 하였다. 좀 거창하지만 이를 쉽게 설명하면 노년기란 자신이 살아온 인생을 긍정적으로 받아들이고 죽음의 순간을 공포나 회한 없이 맞이해야 한다는 의미라 할 수 있다. 하지만, 누구나 이렇게 자아 통합을 경험하면 좋겠지만 이 결과를 맞이하기 위해 해야 할 삶의 수고로움은 적지 않다.

자아 통합을 위해 우리는 일생 동안 경험한 경험의 벽돌들로 나라는 건축물을 완성하듯 맞출 수 있어야 한다. 그 벽돌들은 하나하나가 다르고 그러면서도 거대한 집을 이루는 부분으로 기능하는 것들이다. 자신이 경험한 삶의 경험들을 좋던 싫던 삶의 의미 있는 구성요소로 조합할 수 있는 능력을 필요로 한다. 만일 이 능력을 획득하면 자신의 자아를 통합적으로 구성해 내고 지나간 모든 것들이 나름 의미가 있었으며 어떤 섭리 안에서 다 가치가 있는 것들이었다는 것을 깨달을 것이며 죽음이라는 것이 이를 완성하는 마지막 벽돌이기 때문에 평온하게 삶의 끝을 맞이할 수 있다는 것 또한 깨달을 것이다.

반면, 이러한 자아 통합이 실패하는 경우 자신의 삶을 한탄하며 늙어감을 거부할 것이고 죽음이란 형벌이기 때문에 가능한 저항하고 회피해야 하는 것이지만 어쩔 수 없이 받아들여야만 하는 것이기에 절망할 수밖에 없을 것이다. 나이 듦이란 이 자아 통합과 절망의 어딘가에 위치하게 되는 것이고 에릭슨은 인생의 마지막 일정한 시기에는 자아 통합을 성취하는 것이 매우 중요한 과제라고 주장하였다.

한편, 리처드라는 심리학자는 노년기에 삶의 적응하는 유형을 5가지로 정리하였다.

그중 성숙형은 이상적인 모습으로 특별한 증상이나 갈등 없이 변화를 수용하고 삶에 대해 높은 만족을 느끼며 활동적으로 적응하는 유형이다. 즉, 능동적으로 나이듦을 받아들이고 자신의 한계 안에서 삶을 영유하는 유형이다.

다른 유형 중 하나는 은둔형으로 사회적 책임을 벗어던지고 홀가분한 마음으로 내면의 삶에 집중하고 조용한 삶을 사는 유형이다. 이들은 자신의 사회적 역할을 젊은 사람들에게 물려주고 자유를 즐긴다. 그래서 취미생활이나 전원생활을 즐기며 종교 생활에 의지하면서 만족적인 삶을 살아간다. 보통 영화에 나오는 흔들의자에 앉아 있는 노인들의 모습과 유사하기 때문에 흔들의자 형이라고도 한다.

무장형의 유형이 있다. 이 유형은 노화가 일종의 콤플렉스이기 때문에 젊은 시절의 모습을 유지하기 위해 복장이나 활동을 당시의 모습으로 유지하기 위해 노력하는 유형이다. 그래서 직업을 구하거나 사업을 새로 시작하기도 하며 더욱 활발한 활동을 지속해 나가는 특성이 있다. 또한 건강에 대해 매우 집착하고 염려하는 모습을 보인다. 상대적으로 이러한 행동들은 실질적인 삶의 만족감과 행복감을 높이지는 못하기 때문에 내적으로는 만족도가 떨어지는 모습을 보인다.

부정적인 유형으로 볼 수 있는 적응 유형인 분노형도 있다. 분노형은 과거의 경험에 묶여 인생을 탓하면서 노년을 보내는 유형이다. 주로 어린 시절의 부모나 사회 환경을 탓하고 불평과 원망이 많아 주변 사람에게 신경질적이며 무엇이나 불만과 불평으로 점철되어 이는 모습을 보인다. 심통이 나아있으며 부정적이며 자신을 사랑하거나 돌보는 사람들과도 잘 지내지 못하는 모습을 보인다. 그래서 오히려 고립되고 고통스러운 노화를 지나가게 된다.

또 다른 부정적인 유형은 자학형이다. 자학형은 위의 유형인 분노형의 내면화된 형태로 볼 수 있다. 분노형처럼 누군가에게 신경질적이며 불만이 있고 불평을 하는데 그 누군가가 바로 자기 자신인 유형이다. 과거 일들의 상처나 실패의 원인을 스스로에게 돌리고 자포자기하며 자신을 비난하면서 부정적이기 때문에 노년기 우울증을 쉽게 경험하며 절망 상태에서 자신을 한탄하면서 보내는 유형이다.

혹시 이러한 유형 중 노화의 과정에 있거나 혹은 노화를 상상할 때 당신은 어떤 유형인가? 혹은 어떤 유형이 되고 싶은가? 물론 답하지 않아도 어떤 선택을 할지 알 수 있을 것 같다. 그러나 삶은 실전이라는 말처럼 진정한 경험 앞에서 자신을 성장시키며 성숙시키는 것을 간단한 이론이나 말과는 다른 진정한 어떤 것이 될 것이다. 그리고 이 진정한 어떤 것의 최종은 바로 노화의 끝 혹은 완성이라고 할 수 있는 죽음에 있을 것이다. 자 이제 우리 짧은 여행의 끝인 죽음에 대해 이야기해 보자.

죽음. 시작의 끝? 끝의 시작?

죽음은 간단히 정의하면 그냥 생명이 사라지는 것이다. 좀 의학적으로 말하면 인체의 기관이 연속적으로 기능을 멈추는 과정이다. 하지만, 의학에서조차 이 죽음을 쉽게 정의하지 못한다. 어쩜 생명을 쉽게 정의하지 못하는 만큼일 것이다.

심리학에서는 죽음을 5가지 요소로 본다.

첫 번째가 불변성이다. 종교적으로 죽었다가 다시 살아나는 유일한 분은 예수님 말고는 없었다. 다시 말해 신체가 한번 죽음을 맞이하면 어떤 것으로도 다시 살아날 수 없다. 당연한 말이지만 다시 돌아올 수 없다는 이 불변성이 죽음의 가장 큰 특성일 것이며 이 때문에 우리는 영혼이든 윤회든 죽음 이후의 것들에 대해 그 많은 상상을 하는 모순을 경험하는 것이다.

두 번째는 불변성의 또 다른 모습일 수 있는 필연성이다. 모든 살아있는 것들은 반드시 죽음을 경험한다. 물론 오랜 기간 죽지 않는 생명체도 있으며 혹은 단순한 상태에서 동면처럼 죽지도 살지도 않은 상태를 유지하는 존재도 생물학적으로 있을 수 있다. 더불어 과학적인 시각에서 불멸도 논리적으론 가능하다는 주장도 있다. 하지만 아직

이 죽음의 필연성은 유효하다.

세 번째는, 중단성이다. 중단성은 죽음은 곧 신체의 모든 것들이 멈추는 것을 의미한다. 무엇인가 생명이 죽었다면 그 생명은 더 이상 활동, 느낌, 사고를 유지할 수 없고 중단되었다는 것이다.

네 번째와 다섯 번째는 적용성과 원인성이다. 적용성이란 죽음의 배타성이라고도 볼 수 있는데 쉽게 말해 죽음은 살아 있는 것들에게만 적용된다. 이미 죽었거나 무생물은 좋은 것일 수 있을지 모르지만 죽을 수 없다. 원인성은 죽음은 우리가 이유를 모를 뿐이자 다 원인을 가진다는 것이다. 속담에서 말하는 '이유 없는 무덤 없다'라는 말의 현학적 표현이다.

그렇다면 노년기에서 죽음은 어떤 의미를 가질 것인가? 노년기란 그 시기 자체가 살아가면서 가까운 사람들을 잃는 경험을 가장 많이 할 시기일 것이다. 이는 어쩜 노년기의 부정적인 측면 중의 하나일 것인데 세상일이 나쁜 게 있으면 좋은 게 있다는 원리처럼 이러한 주변 사람들의 죽음을 경험하는 것은 사람으로 하여금 자신의 죽음까지도 자연스럽게 받아들이는 사고 전환의 역할을 한다. 그래서 오히려 나이를 먹을수록 죽음에 대해 덜 걱정한다고 한다.

좋은 이별, 마지막 분리 개별화로써의 죽음

이 죽음을 단순히 삶의 끝이 아닌 어떤 것으로부터의 독립이라고 바라본 정신 분석가가 마가렛 말거이다. 그녀는 인간 심리의 발달 과정을 어머니의 뱃속에서 출생하여 '자기'라는 심리적 실체가 만들어지는 과정을 분리 개별화라는 용어로 설명한다. 분리 개별화란 어머니의 자궁으로부터 떨어져 나와 심리적인 '나'가 만들어지는 과정을 설명한 이론으로 어머니로부터 분리는 고통을 동반하며 불안을 야기하지만 이 분리가 선행되어야만 개별화된 독립된 개체로써 자유를 누리게 되며 인간은 이 분리 개별화를 온전히 완성할 때 제대로 된 인간이 된다는 시각을 가지고 있다.

그녀는 인간은 일생을 통해 5번의 분리 개별화 과정을 지나간다고 봤다. 첫 번째 분리 개별화는 생후 3년간의 세월로 가장 기본적이며 표준적인 분리 개별화 시기이다. 이때 심리적인 '내'가 만들어져서 어머니로부터 심리적 독립을 하게 되고 기본적인 분리 개별화 과정 이후 나머지 아동기, 청소년기, 성인기 그리고 마지막 노년기에 걸쳐 지속적으로 개별화 과정을 통해 인간은 계속적으로 자기 자신이 되어 간다고 보았다. 그녀가 보기에 인간은 따뜻하고 안정적인 어머니 같은 어떤 것으로부터 새로운 성장을 위해 분리되어 개별로써의 도전을 지속적으로 해 나가야 하며 그 때마다 우리는 불안감과 실패에 대한 두려움을 경험한다고 봤다.

그래서 자궁으로부터 벗어나서 어머니와 떨어지는 신체적 경험의 분리 개별화만이 아니라 유치원을 가기 위해 엄마와 떨어지거나, 초등학교에 입학하거나 대학에 입학하는 시기 등등에서도 분리 개별화 과정을 견디어야 한다고 봤다. 또한, 새로운 연인을 만나 가정을 꾸리는 결혼생활을 시작할 때도, 이사를 가서 새로운 집과 지역에 적응할 때도, 자녀를 낳을 때, 그리고 자녀를 키워 성장시킬 때, 자녀가 자신의 품을 떠날 때, 사랑하는 부인이나 남편, 혹은 부모나 가족의 죽음을 경험할 때도 분리와 개별화 과정의 고통을 경험하며 결국 인간은 이런 분리가 주는 두려움을 지나 개별화의 과정을 견디면서 가는 운명을 지녔다고 생각했다. 그리고 마지막 우리 여행의 종착점인 죽음도 역시 자신이 자기로부터 떠나는 분리를 경험하는 것을 통해 마지막 분리와 개별화를 통해 삶을 완성하는 것으로 보았다.

결국, 노화란 심리학적 완성의 필수적인 과정이며 그렇기 때문에 어쩌면 또 다른 시작이라는 것도 분명한 사실일 것이다.

참고문헌

노년기 정신장애, 설순호, 임선영 지음, 학지사.
발달 심리학, 윤선영 저, 와이제이사이버 평생교육원.
시간의 심리학, 사라 노게이트 저, 장근영, 이양원 옮김, 갤리온.
발달 심리학 정옥분, 학지사.
기적을 부르는 뇌, 노먼 도이지 저, 김미선 옮김, 지호출판.
분리와 개별화-대상관계의 발달, 최영민, 정신분석, 제13권 제2호 2002년 12월.
통계청, 2013년 자료.

노년의 주체성

— 첨단 기술 사회의 새로운 가능성

박승억_숙명여자대학교 기초교양대학 교수

노년의 주체성
— 첨단 기술 사회의 새로운 가능성

1. 초고령사회와 첨단기술

인류의 역사를 추적하는 과정에서는 때때로 수수께끼 같은 일이 등장하기도 한다. 그 중 자주 회자되는 일 중에 하나는 스페인과 포르투갈의 정복자들이 아메리카 대륙에 상륙하고 난 뒤 아메리카, 특히 남아메리카 대륙의 사람들이 겪어야 했던 가혹한 운명이다. 예를 들면 스페인의 피사로(F. Pizarro)가 37마리의 말과 180명의 병사들로 어떻게 거대한 잉카제국을 무너뜨릴 수 있었는지 하는 일들은 오랫동안 수수께끼였다. 그 수수께끼를 푸는 과정에서 흥미로운 사실들이 드러났다. 남아메리카는 아시아나 유럽이 서로 교류할 때, 오랫동안 고립되어 있었다고 할 수 있다. 그런 지역에 정복자들이 '낯선' 전염병을 들여오자 아메리카 원주민들로서는 속수무책이었다는 것이다. 전염병 연구가인 맥닐은 그 사정을 이렇게 표현한다.

> "이 중 2,500~3,000만 명이 멕시코의 문명중심지에 살았고, 안데스 문명권에도 비슷한 수의 사람들이 살았으리라 추정된다. 이 두 문명 중심지를 위시해서 중앙아메리카 대륙에는 확실히 많은 사람들이 살았을 것이다.

그러나 그 후 이들이 겪은 인구감소는 거의 파멸적이었다. 코르테즈에 의해 유럽인들과 원주민 간에 질병을 위시한 각종 상호교류가 시작된 수 50년도 되지 않은 1568년에 멕시코 중앙부의 인구는 300만 명으로 줄었다. 코르테즈가 상륙한 당시에 비해 1/10의 수준이었다."[1]

한 사회가 급격한 변화를 맞이하게 되는 데에는 여러 가지 이유들이 있다. 베수비오 화산의 폭발로 화려한 문명 세계가 송두리째 붕괴된 고대 로마의 도시 폼페이가 증거하듯 화산이나 지진 같은 자연 재난이나 혹은 아메리카 대륙의 원주민들이 겪어야 했던 새로운 질병처럼 외부적인 요인들의 영향력은 때때로 파국적이다. 반면 전쟁이나 재난과 같은 외적 요인 때문이 아니라 한 사회의 내적 요인이 결과적으로 커다란 사회적 변화를 초래하는 경우도 있다. 사회의 산업구조 등이 변화해서 발생하는 인구변동이 그 예다. 한국 사회의 경우 1950년대 전쟁 이후 산업구조가 근대화되면서 많은 사람들이 농촌을 떠나 도시로 이동하였는데, 특히 수도권에 집중되면서 한국 사회의 다양한 사회적 변화들이 초래되었다.

이처럼 외적 요인에 의해서건, 내적 요인에 의해서건 사회는 변화를 지속한다. 그래서 사회의 변화를 진화론적 관점에서 고찰하는 것도 가능해 보인다. 물론 생물학적 진화와 사회적 변화 사이에 단순 비교는 자칫 오해를 초래할 수 있지만, 주의를 기울이기만 한다면 사회를 이해하는 데 의미 있는 설명 모델을 발견할 수 있다. 가령, 생태계든 사회든 질서를 가진 시스템이고, 그러한 시스템들이 변화해 가는

1) 윌리엄 맥닐, 『전염병과 인류의 역사』, 허정 옮김, 한울, 1998. 224쪽.

역동성(dynamics)을 일반론적 관점에서 설명하는 것이다. 다시 말해 일반론적 관점에서 생태계의 진화와 사회적 시스템의 진화를 모두 환경적 변화에 대응해서 적응해 가는 구조로 설명해 보는 것이다.

남아메리카에 파괴적인 영향력을 미친 전염병이나 산업구조의 변화에 따른 인구 구성비의 변화들은 사회 전반에 커다란 영향력을 미치는 중요한 변화들이다. 중요 요인의 변화는 마치 도미노처럼 다른 사회 구성요소들에 연쇄적인 변화를 일으킨다. 기술의 발전 또한 광범위한 사회적 변화를 초래하는 중요한 요인이다. 그래서 사회를 변화시킬 만큼 커다란 영향력을 가진 기술적 변화를 우리는 '혁명'이라는 말로 표현하곤 한다. 신석기 시대의 '농업혁명'이나 근대 유럽을 성장시킨 '산업혁명' 같은 표현들은 농경 기술의 변화나 산업 기술의 발전이 이후 사회를 얼마나 크게 바꾸었는지를 말해주는 상징적인 표현들이다. 그리고 이제 인류는 이른바 '4차산업혁명'이라는 말들을 사용하고 있다.[2]

기술 발전이 초래할 변화에 대해서는 지나간 역사가 그랬듯이 늘 낙관과 비관이 교차하는 전망들이 등장한다. 사물들끼리 정보를 주고받아 사람의 일을 대신해 주는 '편리한' 세상을 전망하기도 하고, 그렇게 사람을 대신하는 기계들 덕에 사람들이 '할 일'이 없는, 그래서 일자리가 사라져 모두가 빈곤한 처지에 빠지는 비관적인 전망 또한

2) 물론 최근의 기술 발전이 과연 '혁명'이라고 부를 수 있는지에 대해서는 논란의 여지가 있다. 최근 '4차산업혁명'이라는 표현이 부적절하다는 논의가 늘어나고 있기 때문이다. 하지만 그런 논란의 크기만큼 최근의 기술 발전이 사회에 커다란 영향력을 미치고 있다는 사실 또한 분명해 보인다.

적지 않다. 이러한 첨단 기술들 중에는 인간의 수명이나 건강과 관련된 분야도 적지 않다.

생명의 뿌리라고 할 수 있는 유전자를 조작하는 기술은 물론이고, 인공 장기를 생산하는 바이오 프린팅 기술 등 인간의 생물학적 한계를 극복하게 하는 기술 또한 빠르게 발전하고 있다. 만약 인간의 생물학적 조건들을 변화시킬 수 있는 기술 발전이 이루어진다면 그 사회가 어떤 변화를 겪을지는 쉬 상상하기 어렵다. 인류 역사에서 단 한 번도 그런 일이 있어 본 적이 없기 때문이다. 그런 의미에서 오늘날을 살고 있는 사람들은 어쩌면 '최초의 세대'가 될지도 모른다.

자연적 인간의 생물학적 한계를 극복하는 일은 인류 역사에서 오랫동안 논의되어 왔던 주제이다. 질병과 죽음은 인간의 생물학적 한계의 상징이고, 인간사의 불행의 근원으로 여겨져 왔기 때문이다. 그런 탓에 그런 생물학적 한계를 극복한 인간들에 대한 신화나 우화는 늘 끊이지 않고 전승되어 왔다. 첨단 기술의 발전은 이제 그런 신화적 이야기를 현실에 구현해 낼지도 모르겠다. 실제로 오늘날 여러 곳에서 회자되고 있는 트랜스휴머니즘(Transhumanism)은 그런 오래된 신화에 대한 21세기 기술 문명의 대답일 것이다.

그런데 만약 인류가 이제껏 인간 자신을 규정해 온 생물학적 한계를 극복하게 되면 사회는 어떻게 변화할까? 가령, 사람이 죽지 않는다면 사회는 어떻게 변화할까? 죽지 않는 인간, 영생불사의 존재는 오랫동안 '신'적 존재로 여겨져 왔다. 그렇다면 새로운 탄생도 없을지 모른다. 사람이 죽지 않는다면 한 사회가 감당할 수 있는 적절한 인구를 유지하기 위해 새로운 탄생을 극도로 억제해야 할 것이기 때문이다. 혹 불가항력적 이유로 결원이 생긴다면 그때서야 새로운 탄생을 허용할 수 있을 것이다. 올더스 헉슬리(A. Huxley)의 소설, 『멋진 신세계 Brave New World』는 그런 사고 실험의 산물이다. 그곳에서는 새로운 탄생이 정부에 의해 통제되며, 기술적 조작을 통해 태어날 인간의 재능과 능력까지 지정된다. 헉슬리는 작품 속에서 그런 사회가 과연 행복한 사회일 수 있는지를 묻는다.[3]

우리가 질병이나 노화 그리고 궁극적으로 죽음으로부터 자유로운 존재를 상상한 것은 그런 생물학적 한계들이 인간들이 살아가면서 겪어야 하는 고통의 뿌리라고 생각했기 때문이다. 그러나 정작 그런 고통들을 기술적으로 통제할 수 있는 세상이 되었을 때 과연 우리는 행복할 수 있는가를 되물으면 결코 대답하기가 쉽지 않다. 무엇보다 그런 상상이 실제 현실이 될 것이라고는 상상해 보지 않았기 때문이다.

비록 그런 극단적인 변화는 아닐지라도 최소한 그런 변화를 상상할 수 있게 하는 유사한 사회적 변화는 시작되고 있는 듯하다. 그것은 선진국을 중심으로 진행되고 있는 고령화이다. 특히 우리나라는 세계에서 유례를 찾아보기 어려울 정도로 빠르게 고령화가 진행되고 있다. 2017년 우리나라는 65세 이상 인구가 전체 인구에서 14%를 차지하는 고령 사회로 진입했다.

3) 사실 트랜스휴머니즘이라는 개념도 올더스 헉슬리의 형인 줄리안 헉슬리가 1957년에 쓴 에세이에서 사용한 개념이다.

급속히 늘어난 만 65세 이상 인구 비율(단위: %)

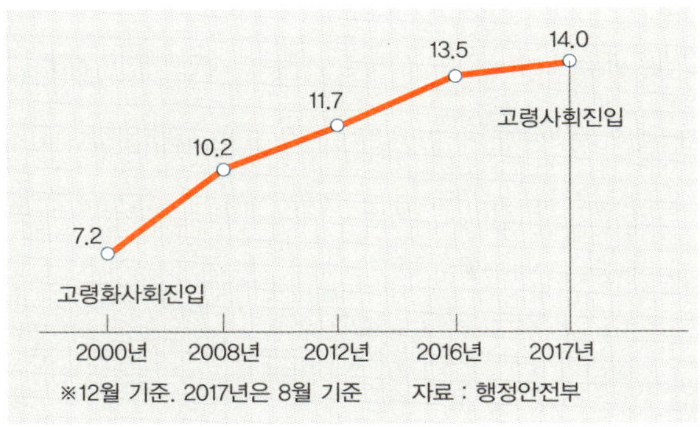

이러한 고령화는 여러 가지 원인이 함께 작용한 결과이다. 질병을 치료하는 기술이 발전하고 평균수명은 늘어나고 있는 데 반해 저출산의 영향으로 젊은 세대의 인구는 점점 더 줄어들고 있다. 이러한 추세라면 전체 인구 중 고령 인구가 20% 이상이 되는 초고령사회의 진입이 채 10년도 남지 않았다. 사회의 고령화는 다양한 사회적 문제들을 일으킨다. 복지비용은 증가하고, 그러한 복지비용을 감당하기 위한 젊은 세대의 부양부담 역시 비례적으로 증가하고 있다. 최근의 한 조사에 따르면 2015년 19.4%였던 우리나라의 노인 부양률은 2050년 72.4%에 달할 것으로 전망되고 있다. 일하는 사람 100명이 19명의 노인을 부양했던 것에서 2050년 경이 되면 72명의 노인을 부양해야 할 것으로 보인다. 이러한 상황은 연금문제를 비롯해 의료복지 등 다양한 사회적 분야에서 부정적인 파급효과들을 일으킬 것이다. 더욱이 저출산이 심화되어 생산가능인구가 더 빠르게 줄어들게 된다면 전망은 더 어둡다.

그렇다고 젊은 세대들에게 무작정 결혼하고 아이를 낳으라고 강요할 수는 없다. 가뜩이나 일자리 문제가 심각하고 특히 기술 발전이 일자리 문제에 악영향을 미칠 것이라는 전망이 가득한데 무턱대고 젊은 세대들의 희생을 강요할 수 없다. 그런 탓에 사회 의식도 빠르게 변화하고 있다. 노부모를 누가 부양할 것인지에 대한 인식이 2002년에는 '가족이 해야 한다'는 응답이 70.7%에 달했지만 2014년에는 31.7%로 급감했다. 사람들이 미래 전망을 하면서 나름의 판단에 따라 적응하기 시작했다는 뜻이다.

노부모 부양 누가 해야 하나(단위 : %)

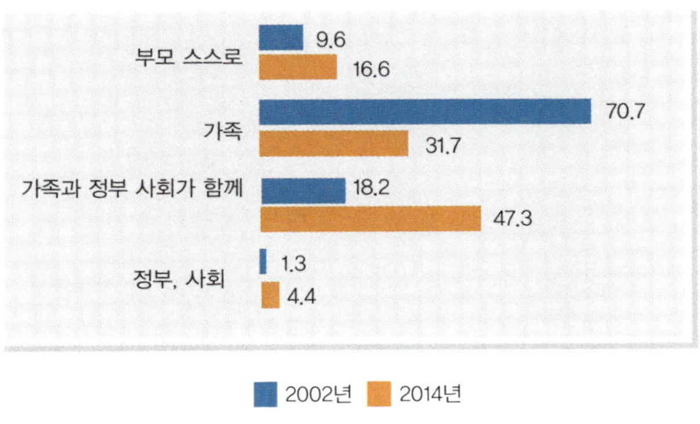

(자료 : 한국여성정책연구원, 통계청)

진화론적 관점에서 이러한 적응 과정은 일종의 경쟁관계를 낳을 수 있다. 다시 말해 일종의 세대 갈등이 시작되는 것이다. 사회 제도를 정비하는 과정에서 계층 간의 이익이 충돌할 수 있기 때문이다. 예컨대, 2016년 영국이 유럽연합에서 탈퇴하는 투표 이후 영국의 젊은 세대들은 '어른들이 미래를 망쳤다'며 세대 갈등의 조짐을 보였다. 하지만 역설적이게도 해당 투표에서 젊은 세대의 투표율은 상대적으로 저조했다. 그럼에도 불구하고 앞으로 미래의 정책을 결정하는데 젊은 세대와 노년 세대 사이의 갈등은 점점 더 첨예화할 가능성이 높아서 세대 간 표 대결의 양상이 벌어질 수도 있다. 우리나라에서도 이미 65세 이상의 어르신들이 지하철을 무료로 이용하는 일에 대해 논의가 본격화하고 있다.

물론 이러한 상황들은 추세의 전망일 뿐이다. 다시 말해 '이제까지의 추세가 앞으로도 계속된다면…'이라는 가정 아래서 계산한 것이다. 예고된 미래는 당사자들이 지금의 추세를 그대로 따를 때 현실화된다. 그런 의미에서 현재의 추세는 단지 잠정적인 것이고 결국에는 당사자들이 어떤 선택을 하는지가 미래를 결정한다. 사회 구성원들이 지금까지의 추세와 다른 선택들을 한다면 미래는 달라질 것이기 때문이다. 그 경우 중요한 것은 예고된 문제를 해결하기 위한 광범위한 사회적 합의이다. 물론 이러한 합의는 개개인의 삶을 포함해서 사회의 미래를 함께 고민하고 현재 삶의 양식을 선택하는 개인들의 '주체성'을 전제로 한다.

이러한 주체성의 문제에서 '노년'은 어떤 의미를 갖고 있을까? 특히 첨단 기술의 발전을 고려할 때 노년은 어떤 의미를 갖고 있을까?

2. 주체로서의 노년과 객체로서의 노년

노년에 대한 사회적 인식은 시대와 지역 문화적 상황에 따라 변화해 왔다. 노년을 바라보는 인식이 상황에 따라 달라질 수 있다는 것은 얼핏 자연스러운 반응일 수 있다. 왜냐하면 '노년'은 이제까지 주로 '객체', 다시 말해 배려와 부양의 대상이었기 때문이다. 전통적으로, 혹은 일반적인 의미에서 '노년'의 시기는 사회적 생산 활동으로부터 은퇴한 시기를 의미한다. 따라서 당대의 사회적 상황이 노년을 부양할 수 있는 물질적 문화적 여건이 충분히 마련되어 있다면 존중의 대상이 되고, 그렇지 않을 경우 노년은 부양해야 하는 사람들에게는 무거운 짐이 되기 마련이다. 그런 의미에서 노년은 대부분 주변인이었다.

물론 전통적으로 노년을 공경해야 한다는 생각이 강했던 동양 사회보다는 서양 사회에서 노년의 주변인적 성격이 두드러진다. 팻 테인 등이 편찬한 『노년의 역사』는 서양 사회에서 노년들이 겪어야 했던 '사회적 대우'에 대한 보고서이다.[4] 서양의 고대로부터 중세에 이르기까지 노년에 대한 인식은 대체로 부정적이다. 무엇보다 생산성이 떨어진, 그래서 별다른 사회적 기여를 할 수 없는 계층이라고 여겨졌기 때문이다. 그러나 실제적인 조사에 따르면 그런 사회적 대접이 사실은 잘못된 편견에 기초한 것이라는 사실이 드러난다.

가령, 팻 테인은 오늘날 유럽인들이 갖고 있는 노년에 대한 생각은 실제적인 증거가 아니라 막연하게 추정된 관념에 의지한다는 것이라

4) 팻 테인(P. Thane) 엮음, 『노년의 역사』, 안병직 역, 글항아리, 2012 참조.

는 점을 강조한다. 흔히 사람들이 현대 사회에 들어 노령자의 고독이 심각한 사회 문제라고 말한다. 그러나 팻 테인은 여러 증거에 기초해 볼 때 실제로는 현대 사회에 들어 고독한 노령자의 비중은 오히려 줄어들었다고 보아야 한다고 주장한다. 수많은 전쟁이나 조기 사망에 의해 혼자 살 수밖에 없었던 노년이 오히려 과거에 더 많았다고 볼 수 있다는 것이다.[5]

사정이 이렇게 된 데에는 통계자료에 대한 잘못된 해석과 관련이 있다. 또 다른 예를 생각해보자. 20세기 들어 독립생활을 하는 노년의 수가 폭발적으로 증가한다. 이러한 자료를 토대로 사람들은 과거에 노년들은 가족에 의해 부양받았고 따라서 외롭지 않았을 것이라고 생각해 버리는 것이다. 그러나 과거에 노년들이 가족과 함께 살았던 이유는 경제적으로 독립할 여력이 되지 않았기 때문이다. 함께 산다는 것과 고독감은 전혀 다른 문제일 수 있다. 특히나 고독감을 불행의 원인으로 본다면 과거 노년의 삶이 현대 노년의 삶에 비해 행복했으리라고 추정하는 것은 완전히 잘못된 생각일지도 모른다. 충분한 여건이 된다면 번거로운 가족들을 떠나 노부부만 사는 것이 더 행복한 삶일 수도 있다. 각자가 자신의 삶을 영위하고 언제든 만나고 싶을 때 만나는 것이 서로에게 행복한 삶이기 쉽다.

오히려 과거의 노년들은 다양한 형태의 노동에 시달려야 했다. 예를 들면 젊은 세대가 생산을 위한 노동을 하도록 지원해 주는 간접노동, 아이를 돌보아준다거나 집안의 허드렛 일을 하는 등의 일들을

5) 팻 테인, 20-21쪽 참조.

해야만 입에 풀칠이라도 할 수 있었다. 물론 노년에도 경제적인 여유가 있었던 극소수의 사람들은 노년의 여유롭고 풍요로운 생활을 누리고 다른 젊은 가족 구성원들로부터도 존중받았을 것이다. 그러나 예나 지금이나 경제적으로 풍요로운 노년은 극히 예외적인 소수의 사람들에게 허락된 행운이다.

이러한 사정은 오늘날이라고 해서 크게 다르지는 않다. 자녀들의 육아부담을 덜어주기 위해 조부모가 손자나 손녀를 돌봐주는 일은 노년의 삶의 질에 커다란 영향을 미친다. 한 조사에 따르면, 최근 우리나라에서 손주 손녀를 돌보는, 이른바 '황혼 육아'의 비율이 증가하고 있다. 이는 워킹맘이 늘고 있는 현실과 육아 부담에 대한 사회적 부조 시스템이 부족한 탓이긴 하다. 황혼 육아를 맡고 있는 사람들에게 그 이유를 물었을 때 가장 많은 응답(67%)은 '자녀의 직장 생활에 도움을 주려고'였다. 또 그만둘 수 있는 사정이 되었을 때 '계속 돌보

조부모의 영아 육아지원 이용 현황 (단위: %)
※ 기타 친인척 포함 기준

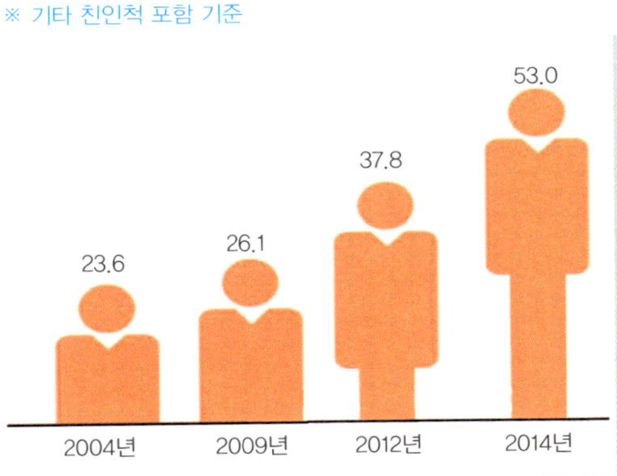

자료 : 한국여성정책연구원

고 싶다'는 응답은 26.2%인데 반해 '그만 두겠다'라는 응답은 73.4%에 이르렀다.

많은 부모들이 노년이 되어 안락한 삶을 즐기고 싶지만 은퇴 후의 안락한 삶은 이런저런 이유로 쉽지 않다. 은퇴준비가 제대로 되어 있지 않아 경제적으로 어려운 상황이거나(특히 우리나라의 경우 노인 빈곤 비율은 OECD에서 최상위권이다.) 자녀들을 돕기 위한 노동으로부터 자유롭지 않은 것이다.

이러한 일련의 상황들은 노년 세대에 대한 인식과 현실이 매우 모순적이라는 사실을 보여준다. 한편으로는 사회 복지와 관련해서 노년 세대를 생산력이 사라진 거대한 사회적 부담으로 여기는 시선이 있는 반면에, 다른 한쪽에서는 젊은 세대를 지원하기 위한 다양한 형태의 노동에 시달리고 있는 것이다. 물론 인식과 현실 사이의 차이는 막대한 자녀 육아 비용, 청년 실업과 고용 위기, 이로 인한 저출산과 비혼, 또 이로 인한 사회의 고령화와 사회적 부담의 증가 등 전반적인 사회적 상황들이 마치 미로처럼 엉켜 있는 탓에 쉽게 단정지어 말할 것은 아니다. 다만 분명한 것은 이러한 문제들 속에서 노년은 '주체'로서가 아니라 '객체'로서 보아지고 있다는 것이다.

물론 무엇이 주체와 객체를 가르는 명백한 기준인가는 분명치 않다. 누구나 자신의 삶에 있어 주체이면서 동시에 여러 가지 사회적 상황에 의존한 객체이기 때문이다. 그럼에도 노년의 삶은 젊은 세대에 비해 훨씬 더 주변의 사회적 상황에 의존해 있는 주변인이다. 그래서 인류 역사에서 노년의 세대가 사회에서 중요한 목소리를 내는 중심부였던 시절은 극히 예외적이었다.

그런데 시선을 달리 해 보자. 만약 현재 우리가 노년이라고 부르는 세대가 젊은 세대보다 인구수가 많아진다면 어떻게 될까? 다시 말해 이제까지 노년이 주변인으로 여겨진 까닭은 생산력이 떨어지고 상대적으로 적은 인구 비중 때문은 아닐까? 그래서 만약 노화를 늦추고 수명도 길어진다면 사회의 주축 세력이라고 할 수 있는 세대 역시 전체적으로 늦춰지는 것은 아닐까?

생산 가능 인구 줄고, 노년 인구는 급증(단위: 만명)

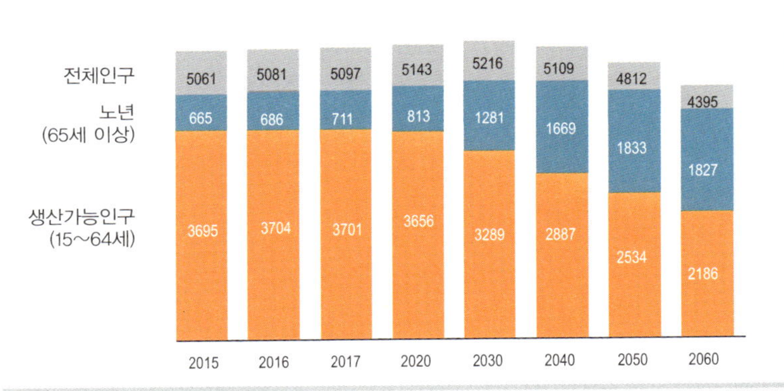

자료: 통계청

최근 통계청의 자료는 우리나라의 미래를 위협하는 것으로 해석되고 있다. 저출산의 여파로 생산가능인구는 줄고 있는데 반해 노년의 인구 비중은 상대적으로 커지고 있기 때문이다. 위 그림에서 생산가능인구의 비율을 늘리는 방법은 간단하다. 노년을 생산가능인구에서 제외하고 있는 '기준선'이 문제이기 때문이다. 그 기준선을 끌어 올리면 생산가능인구가 줄고 있는 문제를 해결할 수 있다.

특히 우리나라의 경우 (한국의) 베이비 붐 세대(현재 50대 중반부터 60대 중반)라고 할 수 있는 세대의 노동 의욕은 세계 최고 수준이다. 의료기술의 발전으로 신체적인 건강을 유지할 수 있는데다 (유감스럽게도) 노년의 삶에 대한 충분한 재정적 준비가 되어 있지 않기 때문이다. 게다가 건강하고 행복한 삶과 관련해서 노동에 대한 가치관 또한 변화하기 시작했다.

2015년에 개봉한 낸시 마이어스 감독의 영화 [인턴]은 70세가 된 주인공이 인턴으로 취직해서 새로운 회사 생활을 하게 된 이야기를 다룬다. 이 70세의 인턴은 신체적으로도 건강하고, 인간관계나 사회생활에 있어서는 경험도 풍부하다. 30세의 젊은 CEO는 처음에는 노년의 인턴을 부담스러워 하지만 이내 '늙은' 인턴의 풍부한 삶의 경험과 안목에 의지하게 된다. 물론 노년 인턴 역시 새로운 삶의 활력을 찾았다. 영화 속 노년 인턴은 이미 은퇴 준비가 되어 있어 경제적인 이유 때문에 일을 선택한 것이 아니었다. 그저 무료하고 적적한 노년의 삶에서 회사에 다시 출근한다는 것만으로도 행복해졌기 때문이다.

첨단 기술의 발전은 노년을 언제부터 기산해야 하는지를 모호하게 만들고 있다. '젊은' 노년은 계속 증가하고 있으며 그에 따라 '중년'의 나이도 계속 늘어나고 있다. 미국의 경우 과거에는 중년 세대를 40세에서 60세인 사람들로 규정했지만 1990년 대 중반 이후로는 45에서 65세 사이를 중년으로 지칭하기 시작했고, 우리나라의 경우에도 '50+'라고 일컬어지는 새로운 세대가 등장했다. 중장년 혹은 시니어 일자리 박람회도 증가하고 있다. 이미 변화는 시작되고 있는지도 모른다. 노년이 더욱 주체적이어야 하는 이유도 그에 따라 점점 더 커지고 있다.

3. 첨단 기술의 발전과 노년의 주체성

미래의 일을 가늠하는 일은 쉬운 일이 아니다. 앞서 말했던 것처럼 당사자들이 어떤 선택을 하느냐에 따라 미래는 늘 유동적이기 때문이다. 이제 고령사회를 지나 초고령사회가 되어가고 있고, 노년이 사회적 주변인에서 서서히 중심부로 이행해 가는 변화를 사회 진화의 관점에서 보자. 의료기술의 발전과 사회문화적 변동 요인들은 사회의 구성원들에게 환경적 압력을 가함으로써 적응적 진화를 요구하고 있는 중이다.

시스템 이론의 관점에서 하나의 체계가 안정적 질서를 유지하다가 다음 단계로 진화하는 국면에서는 종종 혼돈 상태가 일어난다. 이는 기존의 질서가 제대로 작동하지 않기 때문이다. 예컨대 우리가 주변에서 쉽게 들을 수 있는 '젊은 노년' 같은 표현들은 우리가 갖고 있던 기존의 관념적 도식이 작동하지 않는다는 것을 뜻한다. 이렇게 기존의 관념이나 질서가 현실을 제대로 반영해 내지 못하는 경우를 일반화해서 말하자면 일종의 패러다임 이행기라고 부를 수 있을 것이다. 혹은 물리학적 표현을 빌어 '상전이(phase transition)'라고 부를 수도 있다.

아주 느슨한 의미에서 상전이는 한 시스템이 다음 단계로 진화하는 과정에서 기존의 질서가 제대로 작동하지 않는 시기의 과정들을 가리킨다. 이 시기에는 과거 시스템을 잘 구동시켰던 질서들이 제대로 작동하지 않는다. 그래서 모종의 혼돈이 일어나고 그 과정에서 새로운 안정적 질서를 찾아내는 시스템은 다음 단계로 성공적으로 진화하지만 그렇지 못한 시스템은 붕괴할 수도 있다. 유비적인 의미에서 20세기와 21세기는 사회적 상전이 국면이라고 말할 수 있을 것이다. 그리고 몇몇 미래학자들은 우리 세대가 그러한 상전이의 마지막 국면에 가까이 다가와 있다고 말한다. 조만간 우리 세대는 새로운 사회적 질서가 지배하는 세계에 살 게 될 것이라는 전망이다.

트랜스휴머니즘은 기술 발전에 따른 환경변화에 대해 사회와 인간이 어떻게 적응해 가는지를 보여주는 사례이다. 트랜스휴머니즘에서 말하는 세 가지 중요 키워드는 질병과 노화의 극복, 초지능, 수퍼 웰빙이다. 생명과학 기술의 발달로 질병과 노화, 궁극적으로 죽음이라는 생물학적 한계를 극복하고 기계적 장치들과의 결합을 통해 자연적 인간의 인지 능력의 한계를 뛰어 넘어 행복한 삶을 사는 새로운 유형의 인간(이를 포스트휴먼이라고 부른다.)을 꿈꾸는 것이다.

실제로 노년의 삶에 영향을 미치는 중요한 조건들은 노화로 인한 신체 능력과 인지 능력의 쇠퇴이다. 첨단 기술이 이러한 문제들을 해결해 줄 수 있다는 것이다. 뇌과학(Brainscience)이나 신경과학(Neuroscience) 분야의 빠른 발전은 전통적으로 '자연스러운 인간으로서는 어찌할 수 없는' 질병들을 극복할 수 있는 새로운 가능성들을 보여주고 있다.

노년의 삶에서 가장 두려운 질병은 치매나 파킨슨 병과 같은 노화로 인한 인지 능력의 상실과 신체 능력의 저하이다. 신경과학의 발전 그리고 이른바 BMI(Brain Machine Interface) 기술처럼 인간의 뇌와 기계를 연결시키거나 아예 인공적인 장치를 통해 인간의 신체활동을 보조하는 로봇 기술의 발전은 전통적인 노년의 삶과는 다른 삶의 가능성을 제공해 주고 있다.

간단히 말해 오늘날의 첨단 기술은 우리가 전통적으로 생각하는 인간 조건들을 기술적으로 재현해 나가고 있다. 그래서 인간만큼 '똑똑한(smart)' 기계들이 등장하고 있고, 인간의 감정을 읽고 대화를 나눌 수 있는 기계들도 등장하고 있다.

이런 상상을 해 보자. 나이가 들어 건망증이 심해지는 것, 혹은 기억력의 손상은 삶의 질에 커다란 영향을 미친다. 경우에 따라서는 당사자를 위험에 빠트릴 수도 있다. 조금 전에 혈압강하 약을 먹었으나 기억하지 못해서 또 먹기도 하고, 음식을 덥히기 위해 가스레인지를 켜 놓은 것을 잊어먹는 경우들이 종종 일어날 수 있다. 그래서 혼자 사는 사람에게는 기억력의 손상은 위험한 일일 수 있다. 그런데 집 안에 있는 집사 로봇이 그런 문제들을 다 해결해 준다면 어떨까? 무엇인가를 대신 기억해주고, 꼭 지켜야만 하는 약속이나 해야만 하는 일들을 알려주는 것이다. 과거에는 다른 사람들에게 의존해야만 했던 일들을 기계가 대신 해 주는 것이다. 아예 더 나아가 로봇과 같이 바깥에 기계장치를 두는 것이 아니라 칩을 뇌에 연결해서 우리의 인지능력을 유지하거나 강화하는 상상을 해 볼 수도 있다.

이렇게 첨단 기술의 도움으로 훨씬 더 '건강하거나', '생산력이 있는' 노년이 된다면 사회는 어떤 방식으로 적응 압력을 가할까? 변화는 이미 일찌감치 시작되었다. 고령화 사회의 선두주자인 일본의 경우 젊은 시절 일했던 직장에서 은퇴한 후 새로운 '노년'의 일자리를 찾는 일들이 일반화되어 있고, 미국의 경우에도 고령자들이 재취업을 하는 일들이 늘고 있다.[6] 우리나라의 50+ 캠퍼스도 마찬가지이다. 이는 단순히 사회 안전망 강화 차원의 복지사업이 아니다. 노년을 새로운 인생의 시작으로 여기는 것이다. 일본 히로시마 대학은 피닉스 제도를 운영하는데 이는 인생 후반기에 적당한 입학시험을 거쳐 새로이 대학에 입학하는 것이다. 정식 대학이든 혹은 다른 사회적 교육 시스템을 통해서든 인생의 후반기에 새로운 직업을 선택하는 일들이 점차로 늘어나고 있다.

첨단기술의 발전은 이러한 경향을 극도로 강화할 것이다. 이는 단순히 노년 시기의 삶의 질이나 형태에 관련된 문제만은 아니다. 흔히 4차산업혁명이라고 말해지는 미래에 산업과 노동 형태도 커다란 변화가 예고되어 있다. 로봇기술과 인공지능 기술의 발전으로 사람들이 해야할 일이 과거와는 크게 달라질 것이다. 육체노동은 로봇이 대신하고 거의 전적으로 자동화된 시스템에서 사람들이 과거에 했던 일들은 기계들이 대신할 가능성이 높아졌다. 분명 한 편으로 이러한 변화는 위협적이다. 전통적인 일자리들이 사라지기 때문이다. 하다못해 자율 주행차가 일반화되기만 해도 택시나 화물차 운전 등 운수업과 관련된 수많은 일자리들이 기계에 의해 대체될 가능성이 커졌다.

첨단 기술의 발전이 초래하는 사회적 변화는 노년의 삶에 대해서도 적응 압력으로 작용할 가능성이 커졌다. 과거에 비해 젊고 건강한 노년들이 증가하고, 노동의 형태도 과거와는 많이 달라져서 나이가 특별히 문제가 되지 않을 수 있다. 더욱이 사회에서 차지하는 노년의 인구 비중은 점차 증가하고 있고, 머지않아 인구비중이 가장 큰 계층이 될 수 있다.

---

6) http://news.joins.com/article/10309619 참조.

이러한 변화가 함축하는 결론은 노년이 과거처럼 그저 주변인이 아니라 사회의 주축 세력이 될 수 있다는 것이다. 실버산업이 주목받고 있고 고령자들을 위한 다양한 종류의 서비스들이 새로운 일자리들을 만들어 내고 있는 점들을 고려하면 사회 주축 세력의 연령이 높아지는 것은 자연스러운 일이며 사회변화에 따른 자연스러운 적응양상이라고 할 수 있다. 문제는 이러한 변화에 대응하는 사회 제도가 아직 제대로 마련되고 있지 못한 현실이다. 더욱이 노년 세대의 인구 비중이 높아질 때, 노년 세대의 정치적 영향력은 앞으로 점점 더 커질 것이 분명하다.

앞서 언급했던 것처럼 미래가 어떻게 될 것인지는 미래를 예측하는 사람들이 어떤 선택을 하느냐에 따라 달려 있다. 바꾸어 말하면 이해당사자들이 합리적으로 그리고 자신과는 다른 생각을 가진 사람들을 얼마나 배려해 나가면서 사회적 합의를 이루어내느냐에 따라 우리의 미래가 결정될 것이다. 생태철학자인 한스 요나스(H. Jonas)는 20세기 중반, 기술의 발전이 지구의 운명을 결정할 수 있다는 사실로부터 '책임의 윤리'를 제안한 바 있다.[7] 현재 세대의 선택이 미래 세대의 운명을 결정할 수 있다면 현재 세대는 좀 더 분명한 책임 의식을 가져야만 한다는 것이다.

현재 65세로 규정된 '노년'의 기준은 변할 것이다. 그 기준은 사회의 임의적인 합의일 뿐만 아니라 첨단기술의 발전으로 인한 사회적 변화와 그 속에서 살아가는 사람들의 삶의 형태를 제대로 반영하지 못하

7) H. Jonas, 『책임의 원칙: 기술 시대의 생태학적 윤리』, 서광사, 1994. 참조.

고 있기 때문이다. 이러한 변화에 따라 노년에 대한 인식도 바뀌어 나갈 것이다. '신노년', '앙코르 커리어', '뉴실버' 등 새로운 세대의 등장은 일찌감치 예고되어 있다.

몇 살부터 '노인'인가
(단위: %, 전국 노인 1만 451명 대상 설문)

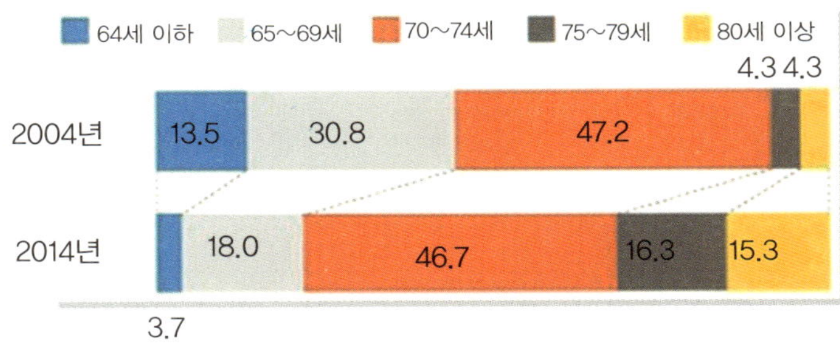

자료 : 2014 보건복지부

무엇보다 수동적인 객체, 혹은 주변인으로서의 노년이 아니라 사회의 중요한 의사결정에 직접적으로 참여하는 능동적인 주체로서의 노년세대가 등장할 것이다. 이러한 변화는 자칫(어쩌면 불가피하게) 세대 갈등의 양상으로 전개될 수 있다. 앞서 말한 영국의 브렉시트 투표에서 나타났듯이 이미 그런 징후들도 보이고 있다. 사회적 변화와 그에 따른 적응 압력이 오직 한 세대에게만 적용되지는 않기 때문이다. 바로 그런 이유에서 노년의 문제는 모든 세대가 함께 고민해야 할 문제이고 함께 풀어가야 할 문제이다. 노년이 된다는 것은 선택의 문제가 아니라 결국 누구나 받아들여야 하는 숙명이기 때문이다.

한스 요나스의 경고나 시스템 이론의 함축은 분명하다. 우리 사회는 다음 단계로의 진화를 앞두고 있다. 첨단기술의 발전은 그런 변화의 압력을 지속적으로 증가시키고 있다. 한 사회가 이러한 변화에 대처할 수 있는 새로운 질서를 찾아내지 못할 경우 시스템 이론이 예고하듯 그 사회는 붕괴할 가능성이 높다. 아마도 인류 역사에서 최초로 등장하게 될 사회적 주체로서의 새로운 노년 세대의 선택이 중요한 이유도 바로 거기에 있다.

선진국을 비롯해서 우리나라 역시 베이비 부머들이 노년 세대로 진입하기 시작했다. 그들이 만들어 낼 새로운 문화가 앞으로 우리 사회의 미래를 가늠하게 할 척도가 될 것이다. 미래에 예고되어 있는 변화에 대응하는 것이 오직 젊은 세대의 문제만은 아니다. 4차산업혁명에 대처하기 위해 새로운 서비스나 새로운 직업을 생각해내는 창의성이 청년 실업 문제에 시달리는 젊은 세대에게만 적용되는 문제는 아니다. 새로운 노년 세대에 걸맞은 새로운 창의성이 필요한 시점이다.

21세기 첨단기술과 노년

김연순_성균관대학교 독어독문학과 겸임교수

21세기 첨단기술과 노년

1. 고령화 시대의 기대수명

21세기 접어들면서 사람들이 정신을 차릴 겨를 없이 변화로 체감하는 것은 단연 첨단과학기술의 발전 속도이다. 이것으로 인해 생활방식이 빠르게 변화하고 인간의 관계방식도 바뀌어가고 있으며 직업 또한 다변화하고 있기 때문이다. 더욱이 첨단과학기술의 발전으로 그것에 많은 영향을 받으면서 서로 긴밀한 관계를 갖고 있는 의학은 사람들로 하여금 생명의 탄생과 죽음에 관련된 근원적인 문제에 의문을 던지게 하면서 인간의 실제적인 평균수명을 현저하게 연장시키고 있으며 그에 따른 인간의 기대수명도 꾸준히 길어지고 있다. 그러는 가

성별 기대수명 추이

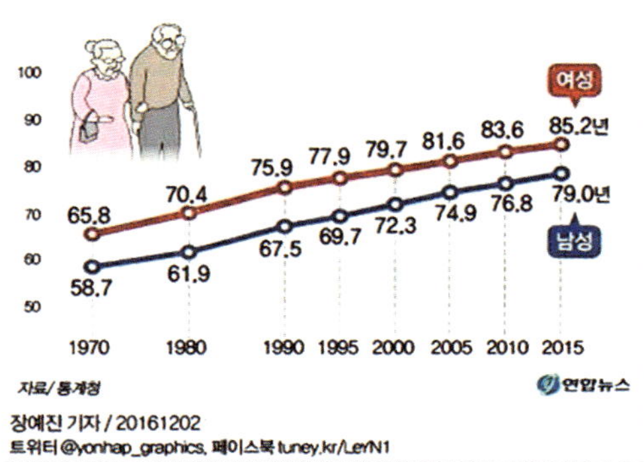

운데 100세 시대가 온다고 법석을 떨던 것도 식상해졌고 이제는 150세까지 예견되고 있다. 불과 30-40년 전만해도 7/80세를 장수로 생각했었지만 지금은 90세를 넘겨야 장수로 생각할 정도이다. 이것은 비단 우리나라만의 일은 아니다. 지구촌의 많은 국가들이 이미 고령화 사회로 접어들었고, 이것 또한 첨단과학기술의 발전과 무관하지 않다.

오늘날 활발하게 이루어지고 있는 고령화에 관한 많은 연구들과 그에 따른 담론에서 사람들은 첨단과학기술의 성과를 긍정적으로 수용하면서 불가능하리라 생각되었지만 언젠가는 인간의 생물학적 한계를 벗어나게 될 것이라는 낙관론에 힘을 실어주고 있다. 그런 의미에서 평균수명 100세는 이제 당연히 도래하게 될 현실로 간주되고, 이에 대해서 세간에서 사람들은 별다른 이의를 제기하지 않고 있으며 사회시스템 또한 그것에 맞추어지고 있다.

이러한 분위기에서 21세기로 들어서자 바로 2001년에 인간의 최대수명을 두고 하나의 내기 사건이 세계적인 뉴스거리가 되었다. 115세가 인간수명의 최대치라고 주장한 미국의 앨라배마 버밍햄대학의 스티브 오스태드 교수와 2050년이 되면 기대수명은 150살이 되리라는 시카고대학의 제이 올샹스키 교수가 '2001년 이전에 태어난 사람들 중에서 150세까지 살 수 있는 사람이 있을까'라는 문제를 두고 내기를 건 것이다. 많은 흥미를 끌었던 이 재미난 내기에서 사람들의 생각은 판돈을 차치하고라도, 지금의 거의 두 배에 해당되는 평균수명 150세라는 수치와 두 교수가 모두 2001년 이전에 출생하였으므로 만약 예견대로 누구든 살아남더라도 온전한 정신일 리가 만무하다는 것으로 모아졌다. 더 중요한 것은 두 교수가 그때까지 살아있으리라고는 누구도 생각지 않았다는 점이다.

이 황당한 내기로 세계가 설왕설래했던 이래 햇수로 18년이 지났다. 불과 얼마 지나지 않았음에도 그 때보다 지금은 대부분의 사람들이 인간 수명에 더 많은 관심을 갖게 되었고 세계를 흔들던 내기도 그저 재미난 일로만 여기지 않게 되었다. 첨단기술이 급속히 발달함에 따라 이제는 기정사실화된 100세 이상의 기대수명은 무엇보다도 경제적 측면에서 개인적으로나 사회적으로 적지 않은 부담을 동반하는 것이기 때문이다. 따라서 세계적으로 많은 국가들이 고령화 사회로 진입하였으니 그 어느 때보다도 고령화에 집중된 과학기술은 국가적인 차원에서나 기업적 차원에서 많은 관심과 투자로 나날이 발전하고 있다.

심지어 구글은 500세의 기대수명에 대한 가능성을 염두에 두고 엄청난 규모의 투자를 이어가고 있다. 노화방지를 위해 설립한 바이오연구소 '칼리코(California Life Company)'는 항상 젊음을 유지할 수 있고, 질병에서 해방될 수 있으며, 진통제 없이도 통증을 느끼지 않을 수 있기 위해 최근 세계 10위로 평가되는 제약회사 '애브비(Abbvie)'와 함께 약 1조 8천억 원을 투자했다고 전해졌다. 노화방지에서 더 나아가 영구히 살고자 하는 인간의 욕망은 지구 곳곳에서 현대판 불로초를 만들어내기 위하여 그 가능성이 보이는 연구소에 과감하게 천문학적 투자를 하고 있는 것이다.

2. 21세기의 불로초

기상천외한 과학 소설과 영화에서나 볼 것 같은 이야기들이 조만간 실현되기라도 할 것처럼 첨단과학기술의 발전에 대한 믿음 또한 갈수록 두터워지고 있다. 예전에는 생각할 수도 없었던 약품과 기계들이 현실화되고 먼 옛날 일로 여겨졌던 것들이 실현되면서, 사람들은 미래를 추상화로 그렸던 이전 시대와는 달리 이제는 곧 다가올 시간으로 인식하여 미래를 구체화로 그리고자 한다. 현재에 뿌리내리고 있다고 막연하게 생각해왔던 관념적 미래는 닿을 수 없는 먼 미래가 아니라 첨단기술에 의해 의미상 이미 부분적으로 경험되고 있는 시간으로 간주되고 있다. 현상적으로 경험되고 있는 미래는 이미 도래한 시간으로 간주되기에 이른 것이다. 따라서 많은 가능성을 실현시키고 있는 첨단과학기술은 이제 미래의 산실로 받아들여지고 있으며, 이미 시작된 노화의 극복은 첨단기술 발전에 힘입어 언젠가는 영생으로 연결될 수도 있으리라는 희망으로까지 이어지고 있다.

따라서 첨단기술의 덕분으로 오늘날의 노인은 과거에는 상상도 할 수 없는 노년기를 맞이하게 되었다. 과거보다 상대적으로 장수하고 있는 노인들이 그렇다고 정신적으로나 육체적으로 불안정한 상태에서 완전히 해방되었다는 것은 아니다. 노인들이 갖는 신체적 · 정신적인 어려움은 개인들마다 차이가 있더라도 노인이라면 누구나 경험하게 된다. 이것은 국제노년학회에서 제시했던 노인의 정의를 통해서 잘 드러난다. 노인은 "노화과정에서 나타나는 생리적, 심리적, 환경적 행동의 변화가 상호작용하는 복합 형태의 과정으로서 환경변화에 적절히 적응할 수 있는 자체조직에서 결핍을 가진 사람, 생활자체가 자신을 통합하려는 능력이 감퇴되어 가는 시기에 있는 사람, 인체의 기관, 조직, 기능 등에 있어서 감퇴현상이 일어나는 시기에 있는 사람, 인생 자체의 적응이 정신적으로 결손 되어 가고 있는 사람, 인체의 조직 및 기능의 소모로 적응감퇴 상태에 있는 사람"으로 결핍, 감퇴, 결손 등의 개념을 통해서 설명되고 있기 때문이다.

노인들의 삶의 질을 결정하는 것은 무엇이 있을까? 이 새로울 것 없는 질문의 답은 다양하게 제시될 수 있을 것이다. 그런데 놀랍게도 그 답들 중 하나가 다름 아닌 관절염이라 한다. 실제로 퇴행성관절염은 중년에서 시작해서 노인들 대부분에게 발견된다. 현실적으로 노인의 존재적 상황은 신체의 방어 능력이 갈수록 저하되기 때문에 신체 기관의 퇴행성은 쉽게 예견할 수 있다. 10년 전에 한 신문에 제시된 바에 따르자면 55세 이상인 성인의 80%가 퇴행성관절염으로 고통을 겪고 있다. 그로 인해 노인들의 인공관절 수술은 더 이상 특별한 경우로 간주되지 않는다. 매일 움직여야 하는 관절의 통증을 완화할 수 있기 위해서라면 어떤 노인이 수술을 마다할 것인가! 그만큼 퇴행성관절염은 노인들에게는 아주 흔하고 고통스러운 질병이다. 그러기에 일상생활에서 움직일 때마다 괴롭히는 퇴행성관절염으로부터 해방되기 위하여 많은 노인들은 인공관절 수술을 기꺼이 받는 것이다. 이를 가리켜서 "인공관절을 착용한 '사이보그 노인(?)' 늘어난다."[1]라는 기사가 나올 정도이다. 퇴행적 신체의 기관과 조직 및 기능 감퇴를 극복하

---

1) 쿠키뉴스, 인공관절을 착용한 '사이보그 노인(?)' 늘어난다. 2013년 7월 11일 (2017.12.26) http://news.kukinews.com/news/article.html?no=150531

기 위해 약화되었거나 손상된 노인들의 신체는 첨단기술에 힘입어 점차 기계로 대체되고 있는 것이다.

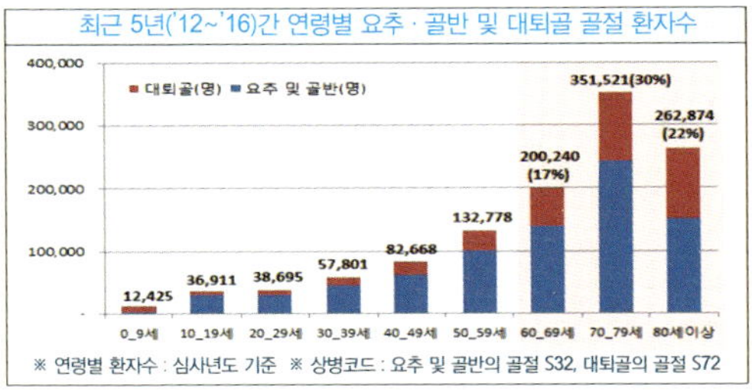

출처 : 보건의료빅데이터개방시스템(건강보험심사평가원)

중요한 것은, 인간이 자연을 기반으로 긴 문명화 과정을 이끌어오면서 매 시대마다 그 시대의 발전된 문명에 적응해온 것처럼, 21세기 사람들도 21세기의 발달된 기계문명에 적응하고 기계들을 통해 자신의 희망을 실현시키고 있다는 것이다. 그러므로 오늘날 사람들은 문명인으로서 새로이 발전해가는 문명을 자기화하기 위해서라도 기꺼이 기계와의 상호작용을 받아들이며 더 나아가서는 그것을 즐기기도 한다. 무엇보다도 실제적인 문제와 관련해서 노인의 경우 자연스럽게 찾아오는 신체의 능력 저하와 허약을 보완하기 위해 첨단 기술은 매우 중요하다. 육체적으로나 정신적으로 예기치 않게 찾아온 문제들을 해결하기 위해서 의료적 치료가 불가피하기 때문이며, 이를 위해 많은 경우 기계의 보조장치가 활용된다. 그것을 통해 노인들은 기계와 하나의 생명 시스템을 구성하게 되고 다른 연령대보다도 더 신체의 기계화에 열려있는 것이다.

3. 노화와 첨단기술

> "얼마 전에 이 하나가 툭 하고 저절로 빠졌다. 아무런 고통도 아무런 노력도 없이 본연의 수명을 다한 것이다. 내 존재의 일부분인 치아를 비롯해 다른 부분들이 이미 명을 다했고, 한창때 굳세고 원기 왕성했던 다른 신체 기관들도 절반은 생명을 다했다. 그렇게 나는 무너져 내리고, 나에게서 빠져나간다."[2]

몽테뉴는 자신의 상황에 빗대어 노년의 신체적 감퇴 현상을 이렇게 기술했다. 이처럼 개인의 실존적 차원에서 체험되는 정신적, 육체적 퇴행은 개인차야 물론 있겠으나, 인간이라면 누구라도 그것을 피할 수 없다. 건강한 사람이라도 그 정도 차이가 있을 뿐 이것은 필연적인 것이어서, 이전 시대의 사람들은 이러한 노화 현상을 자연의 섭리라 하여 자연스럽게 받아들였다. 시간이 지남에 따라 찾아든 노화를 겪으면서 많은 사람들이 정신적 육체적 변화에 한숨지으면서도 당연한 것으로 받아들이고 서서히 다가오는 죽음을 막연하게 인정했던 것이다. 그러나 최근에 첨단기술로 많은 노인들이 혜택을 받으면서 살아있는 한 노화에 대항하여 건강하게 살아야 한다는 인식이 확산되었고, 오래도록 잘 살기 위해 본능적인 노력을 아끼지 않게 되었다. 한편으로 찾아들 노화와 죽음에 순응하면서도 다른 한편에서는 이를 강하게 부정하는 이중적 감정에서 노화는 자연의 섭리로만 해석되기보다는 "천천히 자연스럽게 퍼지는 가공할 질병"으로 간주되고, 사람

2) 몽테뉴, 나이듦과 죽음에 대하여, 고봉만 엮고 옮김, 책세상 2016, 18쪽.

들은 그에 대해 적극적으로 대비하게 되었다. "적어도 그 진행 속도를 줄이려면, 엄청난 주의와 지속적인 노력을 기울여야 한다."[3]는 인식아래 현대인들은 첨단과학기술을 통해 노화에 적극적으로 관여하기 시작한 것이다.

노화를 극복하기 위해 사람들은 중년기에 접어들면서부터 '엄청난 주의와 지속적인 노력'을 기울인다. 특히 오늘날의 신노년 세대는 그 어느 때보다도 자신의 노화에 대해 당당하게 그리고 과학적으로 저항하고 있다. 사람들은 이제 과거처럼 무조건적으로 받아들이는 시간 나이보다도 잘 관리해서 유지해내는 생물학적인 신체 나이를 중시하고, 더 나아가 '나이는 숫자에 불과하다'는 말을 스스로에게 주입시키며 노화의 속도 조절에 많은 공을 들인다. 코스메틱에서부터 영양제 복용과 슈퍼푸드 선호 및 운동에 이르기까지 각각 자신의 여건과 능력에 맞는 노력을 멈추지 않는다. 이렇게 하여 결과적으로 얻고자 하는 효과는 노화 방지이며 더 나아가 젊음을 유지하는 것이다. 루카스 크라나흐의 〈젊음의 샘〉에서 제시되고 있는 것처럼 회춘의 열망은 매 시대마다 그 시대에 가능한 방식으로 해법을 찾아나섰다. 크라나흐의 회화에서 보여주는 중앙의 연못에 가득찬 기름처럼 불투명하고 걸쭉한 '젊음의 샘'은 길가메시와 진시황에게는 불로초요 오늘날 우리에게는 첨단과학기술인 것이다.

첨단과학기술에 의해 발전해가는 기계문명이 궁극적으로는 삶의 질적 향상을 지향한다면, 그로 인해 노년의 의료 혜택 또한 향상시킬

3) 위의 책, 25쪽.

것이다. 사실 이전 시대의 담론에서는 몸과 정신의 퇴화를 기정사실로 받아들이고 절대자와의 연계 속에서 위안을 찾았다. 구약성서 잠언에서 나오는 것처럼 "너희가 노년, 즉 일하기에 적합하지 않게 되었을 때에, 너희가 연약해져서 가족과 친척까지도 부담스러워하고 짜증낼 수도 있을 때에, 주위 사람들이 변하고 너희 자신도 변할 때에, 변치 않는 나는 너희를 지켜 줄 것이다. 너희를 부축하고 지지할 것이며, 너희를 구원할 것"이라는 구절은 많은 사람들에게 힘이 되었던 것이다. 그러나 그 절대적이었던 믿음이 점차 힘을 잃게 되자 인간은 자신의 손으로 자신을 구하고자 했다. 마침내 인간의 마음 한편에 과학기술이 들어서게 되었고 이제 길어진 기대수명을 가능케 하는 과학기술은 날로 그 믿음 속을 파고든다.

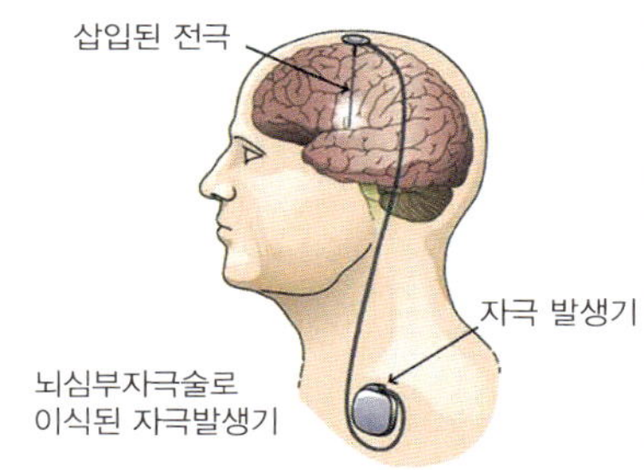

예를 들자면 파킨슨병은 대개 근육의 경직과 떨림 또는 느린 움직임 때문에 정상인으로서의 생활을 잘 할 수 가 없으며, 그 병의 정도가 높을수록 일상생활이 불가능할 정도로 위중한 병이다. 주로 50세 이상에서 발병되며 100명 중에 1명 정도 볼 수 있는 이 병은 노년을 위협하는 신경질환이라 한다. 이를 치료하기 위해 전기치료의 일종인 뇌심부자극술(Deep brain stimulation, DBS)이 사용된다. 외과적 치료법에 해당되는 뇌심부자극술은 인공장치를 통해 뇌를 조종하는 기술로서 그림에서 볼 수 있듯이 뇌조율기라고 불리는 의료장치를 뇌 안에 이식하여 뇌의 신호를 측정하는 것이다. 파킨슨병으로 인해 평상시에 심하게 떨던

몸이라도 이 인공장치를 작동시키면 언제 그랬냐는 듯이 떨림이 멈추고 몸은 정상화된다. 그러나 그 인공장치가 멈추어버리면 바로 온몸은 이전처럼 다시 떨리기 시작한다. 지속적인 떨림 때문에 부축하지 않으면 정상적으로 움직일 수 없는 것은 물론이고 근육이 굳으면서 느껴지는 고통은 너무도 심하여 미국에서만 해도 2만 명 이상의 사람들이 이 뇌심부자극술을 받았다고 한다. 파킨슨병으로 몹시 떨던 노인이더라도 뇌심부자극술을 받은 후 인공장치를 작동시키자 길지 않은 시간에 떠는 것을 멈추게 된다는 것은 대단히 놀라운 일이다. 따라서 첨단과학기술은 노화로 인해 발생하는 질병들을 극복할 수 있게 해주고 그것을 통해 노인의 삶의 질을 보장해주는 것이기도 하다. 그러나 이를 포함해서 인공관절, 인공심장, 인공망막, 인공혈액 등 노인의 신체와 기술의 결합은 결핍을 보완하는 차원을 넘어서서 더 오래도록 더 강하게 살 수 있게 해주는 사이보그로의 길을 열어놓을 수 있다.

4. 사이보그란 무엇인가?

2007년 1월 5일 〈슈피겔 온라인〉 과학란에 '인간 2067: 팔에는 귀를, 손가락에는 자석을'이란 제목으로 2067년에 인간은 더 이상 존재하지 않을 것이며, 그것은 사이보그로 이행되는 전단계를 의미한다는 기사가 실렸다.[4] 지난 해 2014년 2월 18일에 영국 BBC를 통해 미

4) Holger Dambeck, "Der Mensch 2067: Ohr am Arm, Magnet im Finger", Spiegel Online, 2014년 3월 5일(http://www.spiegel.de/wissenschaft/mensch/der-mensch-

국 하버드 의과대학의 연구팀이 '원숭이 아바타'의 실험에 성공했고 이를 영국의 과학전문지 '네이처 커뮤니케이션'에 발표했음이 전해졌다.[5] BBC에 따르면 이것은 2009년에 상영된 영화 '아바타'를 현실화하려는 노력의 시작이었다. 이렇듯 인간은 첨단과학기술에 힘입어 빠른 속도로 기계와 결합된 사이보그로 되고 있으며, 사이보그의 연령별 실현은 노년에서 상대적으로 높을 것이다.

사이보그는 본래 우주라는 특수 공간에서 인간이 안정적으로 활동할 수 있기 위해 특수한 기계장치와 시스템을 이루어야만 한다는 인식에서 비롯된 개념이다. 이 개념을 가장 먼저 사용한 사람은 맨프레드 클라인즈(Manfred Clynes)와 네이든 클라인(Nathan Kline)이다. 이들은 우주라는 특수한 환경에서 특별하게 의식하지 않더라도 몸의 항상성을 유지할 수 있도록 구조화된 인간과 기계의 통합시스템을 가리켜서 '사이보그'라고 지칭했다. 사이보그는 새로운 환경에 적응하기 위하여 유기체의 자율-규제 제어기능을 외부로 확장시킨 기계장치를 포함한다. 그러나 개념이 탄생했던 시기에서 사이보그는 구체적으로 실현되기 전에 추상적 추론에 의해 기계와 시스템을 이룬 존재로 제시되었던 것이다. 그러나 오늘날 사이보그는 더 이상 과학적 추론에 따라 공간의 특수성을 고려할 필요 없이 지구의 보편적 환경에서 살아가는 보통 생물들의 경우에서 제시되고 있다. 다만 개체의 환경 여하에 따라 그 종류는 다양해지고 있다. 흔히 실험에서 사용되는 사이보그 쥐

2067-ohr-am-arm-magnet-im-finger-a-457884.html 2014.3.5)

5) "美 연구팀, '원숭이 아바타' 실험 성공시켰다", 〈뉴시스〉, 2014년 4월 12일(http://media.daum.net/foreign/america/newsview?newsid=20140219182407875 2014.4.12.)

나 사이보그 바퀴벌레 외에도 몇몇 사이보그 동물이 있으며 무엇보다도 관심을 받는 것은 사이보그 인간(이하 사이보그)이다.

사이보그는 1960년대 이후 개념의 생성과 함께 대중문화를 통해 확대 재생산되면서 일반인들로부터 보편적인 이해를 얻기 시작했다. 〈600만불의 사나이〉의 주인공인 스티븐 오스틴이나 〈로보캅〉의 주인공 알렉스 머피 그리고 애니메이션 〈공각기동대〉의 주인공 쿠사나키 소령이 이전 시대를 대표했다면, 보다 발전된 첨단기술에 의한 〈아이, 로봇〉의 주인공 스프너 형사나 〈아이언 맨〉의 주인공 토니 스타크는 현 시대를 대표한다.

티타늄 슈트 입은 스타크

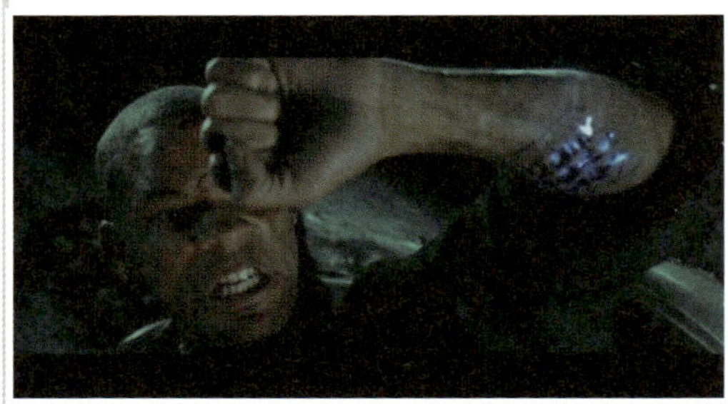

왼팔이 로봇팔인 스프너

흔히 대중문화에서 기계와 유기체의 결합 내지 유기체의 기술적 변형에 의한 존재는 모두 사이보그로 이해되고 있다. 그러나 대중문화에서 제시하는 사이보그는 유기체와 무관한 존재자들이나 로봇까지 포괄하기 때문에 개념상 모호하다. 그러므로 개념의 혼돈을 피하기 위해 오늘날 첨단기술의 발전 상태를 반영하여 기계와의 직간접적인 결합 여부에 따라 사이보그 개념의 범주를 다음의 3가지로 구분할 수 있다.

첫째는 인간과 기계가 직접적으로 결합된 경우이다. 이를테면 인간 신체에 인공장기, 신경보철 및 로봇팔이나 로봇다리 등을 이식한 경우이다. 이 경우는 대부분 의료적 차원에서 실행되며 손가락에 USB를 삽입한 경우에서부터 머리나 어깨에 칩을 삽입해서 뇌신경과 연계시키는 것에 이르기까지 다양하다. 여기서 기계는 인간의 신체와 다름없이 작동한다. 이를 테면 색을 구별할 수 없는 닐 하비슨(Neil Harbisson)의 경우, 머리에 장착된 아이보그는 색깔을 구분할 수 없는 그에게 색의 주파수를 감지해서 색마다 다른 소리를 내어, 하비슨은 색을 보듯이 듣게 된다. 그는 이러한 자신의 상황을 한 강연에서 다음과 같이 설명하였다.

> "제가 꿈에서 색을 인지한다는 것은 전자 눈의 소프트웨어와 저의 뇌가 하나로 통합됐다는 것을 의미합니다. 꿈에선 소프트웨어가 아닌 제 뇌가 색의 소리를 만들어내기 때문입니다. 이 때부터 전 마치 사이보그와 같은 존재가 됐습니다. 전자눈을 더 이상 외부 기기로 보지 않고 제 몸의 일부이자 제 감각의 연장선으로 생각하기 시작한 것입니다. 전 전자눈이 저의 일부라는 것을 공식적으로 인정받기도 했습니다."[6]

---

6) 이 인용문은 첨단기술과 지적 유희, 예술과 디자인이 하나로 어우러지는 TED(기술, technology · 엔터테인먼트, entertainment · 디자인, design) 콘퍼런스에서 닐 하비슨이 2012년 6월에 했던 말이다. (http://www.ted.com/talks/neil_harbisson_i_listen_to_color?language=ko 2014.11.29.)

이런 하비슨의 경우와 달리 결합과 유사한 연계의 경우가 둘째 범주로 꼽을 수 있으며 그 대표적인 예로는 입는 컴퓨터를 들 수 있다. 이를테면 입는 컴퓨터처럼 기계를 의상으로 착용하거나 지니고 다니는 것이 여기에 해당될 것이다. 오늘날 이것의 진화형으로서 스마트 옷이라 하여 패션 분야에서 많은 관심을 받아 연구되고 있다. 입는 컴퓨터는 1968년 미국의 이반 에드워드 서더랜드(I.E. Sutherland) 교수가 스크린으로 사용할 수 있는 착용 디스플레이를 통해 시스템을 만들면서 제작되기 시작했다. 이것을 캐나다의 스티브 만(Steve Mann)이 1980년대에 발전시켰고, 그는 다양화된 스마트 의류의 개척자로 알려졌다.[7] 입는 컴퓨터의 제작 목적은 시간과 장소에 구애됨 없이 인간이 항시 네트워크에 연결 접속할 수 있기 위해서 이다. 이것은 오늘날 안경, 시계, 허리띠 등 스마트 기기의 진화로 인해 다양한 형태로 인간과 기계의 연계성을 활성화시키고 있다.

셋째는 인간과 기계가 서로 상호작용하는 시스템 자체이다. 전통적인 인간관으로는 상상할 수도 없는 인간 '사이보그'는 언제 어디서나 인간과 기계의 상호작용에 의해 인간-기계-공간을 시스템으로 통합해낸다. 이로써 인간에게 있어서 가상세계는 삶의 새로운 공간으로서

7) 한국통신멀티미디어연구소, 『디지털 멀티미디어개론』, 교보문고, 2002, 278쪽. 스티브 만에 따르자면 입는 컴퓨터는 3세대로 구분된다. 카메라 기능을 주로 강조한 것이 1세대이고, 2세대부터는 컴퓨터 모듈을 분산하기 시작했으며, 3세대는 패션의 감각을 고려해서 편안함을 추구하게 되었다. 그러나 무엇보다도 입는 컴퓨터는 특히 의료 분야에서 원거리로 환자 상태를 파악할 수 있는 것을 비롯해서 장애인들에게 유용할 수 있으며, 교육 분야에서는 멀티미디어의 다양한 활용을 통해 교육의 효과를 얻을 수 있고, 군사 분야에서는 원거리 통신, 지형파악 및 전투상황보고 등 실용적인 것으로 평가받고 있다.

또 하나의 새로운 현실로 경험된다. 이 가상현실은 실제와 전혀 다른 무엇이기보다 실제 세계상이 반영된 현실이며 실현되고픈 인간의 욕망구조와 맞물려 있으며, 그 욕망의 실현은 사물들간의 커뮤니케이션을 가능케 하는 사물인터넷으로까지 발전해가고 있다. 그러므로 컴퓨터에 연결 접속하는 사람은 기계를 통해 가상공간으로 정신과 신체 감각을 연장시켜 자연스럽게 인간-기계-공간의 상호작용을 실현하고 하나의 시스템을 구축하는 사이보그가 되는 것이다. 이로써 사이보그는 기술적으로 보강되었다는 의미를 갖게 됨과 동시에 시공간을 초월해서 가상현실에 거주할 수 있는 새로운 존재적 의미를 가진다. 이런 의미에서 오늘날 인간은 모두 사이보그인 것이다.

이러한 개념적 이해에 근거해 볼 때, 노인들은 의료적 차원에서는 첫 번째와 두 번째 경우로 사이보그화되고, 컴퓨터를 비롯해서 기계 사용을 학습하는 교육적 차원에서 세 번째 경우에 해당될 것이다. 관절에 문제가 있거나 다리에 힘이 없어서 걷기 어려울 때 근력을 보조해주는 입는 로봇을 착용한다면 노인들은 더 이상 거동의 불편으로 집에만 있을 필요가 없게 될 것이며, 질병으로 손상된 신체 부분은 기계로 대체되기도 할 것이다. 중요한 것은 정신적으로나 육체적으로 찾아드는 질병과 기관의 손상을 피하는 것에는 한계가 있으며 심지어 그것으로 인한 고통이 일상화될 가능성은 높기 때문에 치료의 차원에서 노인들의 경우 사이보그화에 열려 있는 것이다.

5. 노년 사이보그의 딜레마

인조인간 '렉스' 어떻게 만드나

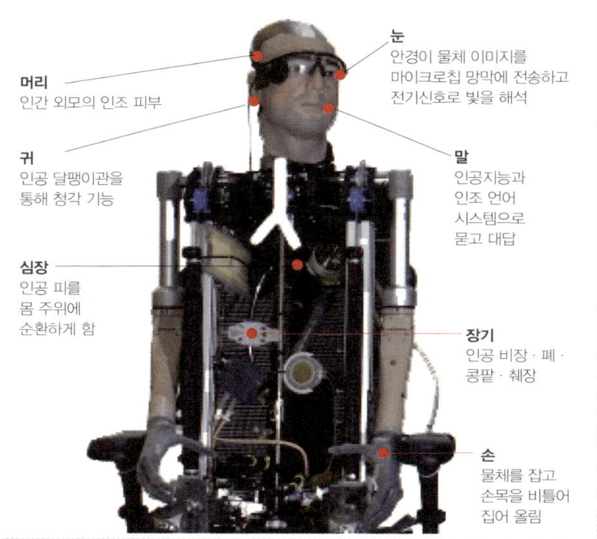

자료 : 더선 인터넷판

노인들의 실존을 고려한다면 노년기에는 선택의 여지없이 의료적 차원에서 자신의 몸을 과감하게 첨단기술에 내맡기게 된다. 첨단기술의 발달에 의해 노인들의 몸은 금속, 플라스틱, 나일론 또는 첨단소재 등으로 만들어지는 심장, 연골, 뼈, 신장, 췌장, 비장 등 실제 장기와 같은 기능을 담당하며 작동하는 인공장기와 결합될 확률이 높다. 그로 인하여 노인의 몸은 기계와 하나의 시스템을 이루며 합성된 몸으로 거듭나게 되면서 사이보그화 되는 것이다. 이로써 노화된 몸은 이전에는 전혀 알 수 없었던 기계와의 통합시스템을 구성하게 되고 이를 통해서 활기를 찾을 수 있다는 긍정적인 평가를 받는다. 그러나 그로 인해 노인들은 자신의 신체와 기계의 조직적인 작동이라는 새로운 존재방식을 이해하고 그에 합당한 관리를 해야 한다.

새로운 존재방식이란 몸의 기계화를 뜻하며 노인들은 그 존재적 방식에 의해 사이보그가 되는 것이다. 앞에서 언급했듯이 실제로 파킨슨병을 앓고 있는 노인이 뇌심부자극술을 받은 후에는 몸속에 장착된 인공장치를 통해 뇌를 조종하게 되는 새로운 존재방식에 익숙해져야 한다. 이를 위해 한 동안 연습은 매우 중요하며, 연습을 통해서 전자칩과 연결된 두뇌는 점차적으로 일부 신체의 기능을 담당하기 위해 장착된 기계를 신체와 동일하게 받아들이게 된다. 실제로 로봇손을 이식받은 노인의 경우도 뇌 촬영을 통해서 이식 이전과 이후의 변화를 확인한 바에 따르면, 노인은 로봇손의 원활한 작동을 위해 부단히 연습하고 점차 실제로 손의 감각을 되찾게 된다. 이때 센서를 통해 로봇손을 부드럽게 움직일 수 있도록 그 방법을 배우는 과정에서 뇌는 점차적으로 기계를 신체의 일부로 간주한다. 물론 처음에는 혼란을 보이지만 뇌는 마침내 실제 손을 사용할 때와 동일하게 반응하며, 시간이 갈수록 기계를 신체로 받아들인다는 것이다.

이처럼 노년의 몸은 기계의 보조시스템을 활용하여 인간의 몸과 기계가 하나의 시스템 안에서 융합됨으로써, 노인은 신체 활동의 항상성을 유지할 수 있게 된다. 이것을 통해 노인들이 자신의 실존적 현실에서 과연 어떤 변화를 겪게 될 것인지를 예측하기란 간단치 않다. 기계의 보조시스템을 작동시키게 됨으로써 그에 따른 제약에 익숙해져야 하겠지만, 생활면에서 보자면 이전에 비해 좀더 자유롭게 활동할 수 있고 그것으로 인해 삶의 질이 향상될 것이며, 감정적으로는 정상적인 신체를 되찾음으로써 활력을 느낄 수 있을 것이고, 사회적으로는 생물학적인 연령의 한계를 넘어서기에 사회적 연령주의를 극복할 수 있을 것이다.

더 나아가 첨단과학기술과 맞물린 인간학적 측면에서 보자면 사이보그가 되며, 노년의 사이보그화는 변해가는 인간의 자기이해와 연계된 트랜스휴먼을 앞서 경험하는 것이기도 하다. 그러기에 트랜스휴머니스트인 호세 고르데이로는 트랜스휴먼을 '광범위하게 활용되는 첨단기술을 활용 응용하여 인간의 노쇠화를 방지하고 인간의 지적, 육체적, 심리적 능력을 증진시키는 작업을 통해 인간성능 향상을 가능하게 하며 진화시키려는 지적이고도 문화적인 움직임'이라 정의하기도 했다. 첨단기술의 힘으로 노화현상을 극복하고 인체와 기계를 결합시킴으로써 노인들은 신체적·정신적 힘을 강화시킬 수 있는 합성된 몸을 가짐으로써 젊음을 느낄 수도 있으며 사회적 연령주의로부터도 당당해질 수도 있을 것이다. 그러나 첨단과학기술이 관여함으로써 노화된 몸은 첨단과학기술에 의해 지속적으로 통제를 받게 될 것이다. 연령에 따른 생물학적 한계가 극복됨으로써 연령주의가 만연한 사회에서 노인들의 삶은 질적으로 새로운 차원을 얻게 되는 것이다. 그러나 오랫동안 노인의 스테레오타입은 치매, 정신적·신체적 퇴화, 이러저러한 만성 질병으로 각인되어왔다, 이에 따라 노년의 사이보그화는 불편한 놀라움을 야기시킬 수도 있다. 노년이라는 스테레오타입과 사이보그라는 이질적 이미지 간의 불조화 가능성은 연령주의를 더 단단하게 고착시킬지도 모른다.

참고문헌

한국통신멀티미디어연구소, 『디지털 멀티미디어개론』, 교보문고, 2002.

몽테뉴, 나이듦과 죽음에 대하여, 고봉만 엮고 옮김, 책세상, 2016.

인공관절을 착용한 '사이보그 노인(?)' 늘어난다, 쿠키뉴스, 2013년 7월 11일자(2017.12.26.)

http://news.kukinews.com/news/article.html?no=150531

닐 하비슨, TED 강연, 2012년 6월(2014.11.29.)

http://www.ted.com/talks/neil_harbisson_i_listen_to_color?language=ko

Holger Dambeck, "Der Mensch 2067: Ohr am Arm, Magnet im Finger", Spiegel Online. (2014.03.05.)

http://www.spiegel.de/wissenschaft/mensch/der-mensch-2067-ohr-am-arm-magnet-im-finger-a-457884.html

美 연구팀, '원숭이 아바타' 실험 성공시켰다, 뉴시스, 2014년 4월 12일자 (2014.4.12.)

http://media.daum.net/foreign/america/newsview?newsid=20140219182407875

자연에 투영된 노년의 삶과 포스트휴먼
— 슈트라우스의 '마지막 노래들'

안상원 _ 성균관대학교 독어독문학과 초빙교수

자연에 투영된 노년의 삶과 포스트휴먼
— 슈트라우스의 '마지막 노래들'

1. 자연관의 양면성: 분리와 회귀

금세기 초에 포스트휴먼, 포스트휴머니즘 같은 용어가 논란을 야기했을 때만 해도, 예측으로만 가능했던 미래가 이렇게까지 빨리 다가오리라 생각한 사람은 드물었을 것이다. 오늘날 테크놀로지의 여러 분야에서는 경쟁하듯 새로운 기술과 상품을 내놓고, 그에 따라 우리의 일상 구조와 생활양식도 쉴 새 없이 바뀌고 있다. 최근에는 4차 산업혁명을 목전에 두고 인공지능 테크놀로지와 그 역할에 관심이 집중되고 있다. SF에서나 보았던 인간을 능가하는 기계, 인간보다 더 인간적인 기계가 출현할 날도 멀지 않은 듯하다. 인공지능이 인간의 자리를 대체할 미래에 대한 불안과 함께, '그렇다면 인간이란 무엇인가?'라는 물음이 다시 떠오르게 되었다.

역사를 돌이켜보면 인간이란 존재는 언제나 질문 그 자체였다. 철학과 사상의 끊임없는 노력에도 불구하고 불변하는 궁극의 정답은 없었다. 시대마다 당대의 근원적인 동력이 무엇이었느냐에 따라서 인간의 정의와 해석이 달랐기 때문이다. 서구의 오랜 기독교 문화에서는 인간을 신의 피조물로 바라보았다. 초월적 가치가 절대화된 반면 인간의 물질적 속성은 폄하되었고, 신중심의 세계관에서 인간은 주변적 존재로 파악되었다. 이성능력이 절대화되어 인간이 세계의 중심으로 들어서게 된 것은 사백년 정도밖에 되지 않는다.

그리고 오늘날 계몽주의 이래 인간중심적으로 세계를 파악해왔던 방식이 다시 요동치고 있다. 인간문화가 기계와의 공진화를 통해 발전해 온 것이라는 새로운 인식에서 더 나아가, 인류는 기계와 결합된 새로운 종(포스트휴먼)으로 진화하고 있다는 주장이 확산되고 있는 것이다. 단순히 수단으로만 기능했던 기계와 인간 사이의 경계가 무너지고 인간과 기계가 융합됨으로써 이제 인간의 개념을 새롭게 정립하는 것이 불가피해졌다.

포스트휴먼 시대의 인간관에서 과거와의 차이는 인간과 자연의 관계 변화에서 찾을 수 있을 것이다. 자연은 인류가 삶을 영위할 수 있는 터전이요 자원의 출처였다. 그리고 인간은 생물학적으로 자연법칙에 속한 존재로 인식되었다. 탄생, 성장, 생식, 죽음의 과정을 반복하며 종을 유지한다는 점에서 속성상 자연의 유기체들과 다를 바 없는 것이다. 하지만 인간은 의식을 가졌기 때문에 다른 자연 생물과 구분되며, 문명을 건설함으로써 자연으로부터 자신을 분리시켰다. 자연을 자신에게 적합한 방식으로 이용하여 문명을 발달시켜온 인간은 스스로를 자연보다 우월한 존재로 파악하게 되었다.

이처럼 자연으로부터 분리되었으면서도 여전히 자연의 한 존재일 수밖에 없다는 데에 자연관의 양면성이 있다. 인간이 아무리 위대한 문명을 창조하였다 해도 모든 자연존재에게 주어진 실존의 한계마저 극복할 수는 없기 때문이다. 인간은 누구라도 태어나 성장하고 쇠퇴하고 종말을 맞게 되는 자연법칙에서 자유로울 수 없다.

그러므로 문명화된 인간이 자연을 접하면서 느끼는 미적 감수성과 치유의 심리는 어쩌면 당연한 것이다. 자연의 외형적 아름다움은 우선 우리의 감각기관에 호응하기 때문에 즉각 향유된다. 그러나 더 근본적으로 자연에 이끌리는 심리의 밑바닥에는 근원인 동시에 돌아가야 할 종착지로서 '어머니 자연'에 대한 동경심이 자리하고 있는 것이다. 인간은 늘 자연을 마주하며 자연의 일부로서 자신을 돌이켜보았다. 삶의 여러 모습을 자연에 투영시켜 자연이라는 거울 속에서 스스로를 바라보며 성찰하였다.

시인 괴테(Johann Wolfgang von Goethe, 1749-1832)가 서른한 살에 쓴 「나그네의 밤 노래(Wanderers Nachtlied)」(1780)에서 그와 같은 자연과 인간의 관계를 살펴볼 수 있다. 바이마르 공국의 재상으로서 활약하던 괴테는 일메나우 지역 철광 감독을 위해 머물던 숲속 오두막 목재 벽에 연필로 이 시를 남겼다.

> 모든 산봉우리 위에
> 안식 있고,
> 모든 나무들 꼭대기에서
> 너는 느끼지 못하네,
> 한줄기 숨결조차도.
> 작은 새들은 숲 속에서 고요하다.
> 기다려라, 머지않아
> 너 또한 쉬게 되리니.

훗날 같은 제목의 다른 시와 함께 나란히 발표된 이 시 속의 시간은 제목처럼 캄캄한 밤은 아니다. 한낮의 강렬한 빛은 거두어졌지만 아직 어둠이 침범하지 않은 저녁나절, 경계의 시간이다. 시인은 먼저 시선을 들어 멀리 산봉우리들을 바라본다. 그 위에 펼쳐진 무한한 하늘 공간에 안식이 깃들어있다. 그 다음 시인은 나무의 우듬지들을 향한다. 가장 높은 끝부분이라서 대기에 예민하게 반응하는 우듬지임에도 이 순간에는 한줄기 숨결조차 느껴지지 않는다. 숨결처럼 연약한 바람 한 점 없는 고요 속에 나무들이 미동도 없이 서 있다. 근처 숲에서는 작은 새들의 조잘거림조차 들리지 않는다.

시인은 이 적막한 고요 속에서 자연을 관조하고 있다. 그의 시선은 무한한 하늘로부터 산봉우리를 거쳐, 나무들의 꼭대기와 가까운 숲까지 하강하였다. 그리고 마지막으로 자신에게 말을 겲으로써 시인(인간)은 이 모든 자연 공간을 아우르는 한 지점이 된다. 시인은 스스로에게 말한다. 자연에 가득한 안식과 고요, 그것은 머지않아 '너'의 것이 될 것이다, '너' 또한 그 고요한 안식으로 들어갈 것이다 라고.

여기서 휴식은 잠을 가리키지만 잠은 또한 죽음을 상징하기도 한다. 특히 이 시에서 아무런 움직임도 없고 아무런 소리도 들리지 않는 완벽한 정지는 죽음의 상태를 떠올리게 한다. 하루의 삶이 잠으로 마감하듯 인간의 삶은 죽음을 통해 영원한 휴식으로 들어가는 것이다. 이 휴식은 근원인 자연으로 돌아가 자연의 총체성 속에서 온전히 하나 되는 것을 뜻한다.

자연을 이용하여 문명을 건설하고 자연을 변형시켜 의미를 부여함으로써 문화를 창조하였지만, 그럼에도 인간에게는 궁극적으로 자연으로 회귀할 수밖에 없는 존재라는 인식이 내재한다. 이것은 인간을 좌절시키는 것이 아니라 오히려 문명 활동에 피로감을 느끼는 인간에게 위로와 안식처럼 다가오는 것이다. 문명이 발달할수록 자연에 대한 동경이 더 증폭되는 이유가 여기에 있다.

2. 죽음의 폐기, 순간의 소멸

오늘날 우리 삶을 이끌어가는 동력은 테크놀로지라고 할 수 있다. 테크놀로지는 4차 산업혁명이라는 대변혁을 추동할 뿐 아니라 일상의 소통 방식에 변화를 야기하는 등, 생활세계로부터 문화의 전체 지형까지 영향을 끼치고 있다. 기술과의 공생공존 혹은 기계와의 융합을 의미하는 포스트휴먼은 담론의 틀을 넘어 현실로 성큼 다가섰다. 무엇보다도 생명과 관련된 기술들이 여러 영역에서 속출하고 있으며, 그로 인해 인간의 본질에 속하는 것으로 인식되었던 자연종속성이 도전받고 있다. 테크놀로지는 실존의 한계인 죽음의 극복을 최종 목표로 삼아 전진하는 듯하다.

프랜시스 후쿠야마는 『Our Posthuman Future』(2002)에서 인간의 생물학적 한계를 타파하게 될 유전공학의 세 가지 시나리오를 제시하였다. 먼저 신약분야에서, 유전자 지식을 이용하여 환자 개개인의 유전적 특성에 따른 약품이 제조될 것이라는 것이다. 이를 통해 성격을 개조하거나 원하는 성격을 선택할 수 있으며, 정상적인 사람도 약물을 통해 더 행복해질 수 있다. 둘째, 줄기세포 연구가 발전하여 신체의 모든 조직을 재생할 수 있게 되어 수명이 엄청나게 연장된다. 알츠하이머병이나 뇌졸중으로 인한 뇌손상도 복구가 가능해져, 젊고 건강한 삶을 오래 유지할 수 있다. 그때에는 성적으로 매력적인 대상을 찾기 위한 경쟁도 치열해질 것이다. 셋째, 부유층에서는 최상의 아이를 낳기 위해 착상 전에 배아를 선별할 것이다. 그렇게 될 경우 사회적 배경은 외모와 지능으로 판단되고 인간은 타고날 때부터 불평등한 관계에 놓일 것이다.

SF에서나 나올 법한 기이한 이야기로 들리지만, 실리콘밸리에서 장수를 연구하는 과학자들은 "인류 수명에 한계란 없다"고 자부하며, "장수는 태어나는 것이 아니라 만들어지는 것"이라고 주장한다(인터넷 매일경제, 2018.02.05). 이미 노화세포 제거, 유전자 조작, 3D프린팅 장기, 젊은 피 수혈 등 장수를 위한 연구는 상당한 수준까지 진척되었다. 이런 식으로 테크놀로지에 의해 자연의 속성까지 조정할 수 있게 된다면, '자연적으로 타고난' 것이 무슨 의미가 있겠는가. 테크놀로지는 윤택한 삶에 대한 미래의 청사진을 제시하면서 삶의 질을 개선하고 수명을 연상시켰다. 그뿐 아니라 인간 실존의 마지막 한계인 죽음마저 극복하고자 한다.

포스트휴먼은 인간을 제약하던 자연종속성의 굴레가 완전히 끊어지는 단계라 할 수 있다. 포스트휴먼은 자연 유기체가 짊어진 자연법칙에서 벗어나, 테크놀로지를 이용하여 스스로를 개조하고 변형시키며 통제하고 작동시킨다. 또한 이 단계에 이르면 자연을 바라보고 체험하는 관점도 이전과 달라질 것이다. 자연의 감각적 아름다움을 향유하는 것이야 달라지지 않겠지만, 자연으로부터 완전히 이질화된 사람에게 자연이 주는 감흥은 그것을 회귀의 종착점으로 바라보는 사람의 것과 같을 수 없기 때문이다. 포스트휴먼에게 '어머니 자연'이란 더 이상 의미를 갖지 못할 것이다.

더욱이 오늘날 실감영상 테크놀로지는 현실과 흡사한 가상현실마저 창조하였다. VR 기기는 영화의 주인공처럼 인간을 가상공간으로 끌어들이고 아슬아슬한 모험세계로 안내한다. VR 테크놀로지가 고도의 단계에 이르면 VR과 실제 현실은 구분하기 어려워질 것이다. 하지만 VR의 자연을 보는 것과 실제의 자연을 대하는 인간의 체험이 같을 수는 없다. 테크놀로지가 만들어낸 영상에는 각자 체험하는 자연과 달리 '순간'이 존재하지 않기 때문이다.

예를 들어 괴테가 바라본 어느 늦은 저녁의 고요한 풍경을 영상으로 재현했다고 치자. VR 기기를 통해 그것을 본다고 해서, 우리가 보는 것이 괴테의 것과 같을 수는 없다. 아무리 똑같은 광경으로 재현했다 하더라도 괴테 시의 이미지는 이상과 현실 사이에서 번민하던 시인이 어느 저녁나절 바라본 풍경이며, 그 순간의 상념과 결합된 것이다. 바람 한 점 없고 작은 소리 하나 들려오지 않는 죽음과도 같은 고요, 거기서 야기되는 시의 정서 역시 바로 그 순간 시인의 심성에 울렸던 것이다. 똑같은 광경이라도 20대의 청년과 60대 노년의 시선이 다르고, 자연을 체험하는 바도 다를 것이다. 세대 차이만이 아니라 개개인 누구에게나 체험은 같을 수 없다.

세상을 떠나기 몇 달 전 여든 두 살의 괴테는 허약한 노구를 이끌고 마지막으로 일메나우의 숲을 방문했다. 숲 속 오두막에는 젊은 시절 자신이 벽에 적어 놓았던 시구가 여전히 남아 있었다. 그것을 다시 읽으면서 노시인은 눈물을 흘렸다. 그는 무슨 생각을 했을까? 젊은 시절 시인이 동경했던 자연 속의 안식은 이제 곧 자신의 것이 될 터인데… 그의 뇌리에는 젊은 시절 바라보았던 시 속의 순간, 그 때의 자연 풍경이 스쳤을 것이다.

첨단 테크놀로지가 사이버스페이스를 개방한 이후 사이버스페이스는 일상의 중요한 요소가 되었다. 이제는 굳이 매장에 가지 않아도 물건을 구입할 수 있고, 친구들과 직접 만나지 않아도 소통할 수 있다. 도시화가 진행되면서 이미 자연은 생활영역에서 점점 멀어졌다. 마치 그 대안을 제공하듯 실감영상 테크놀로지는 VR을 통해 자연을 체험할 수 있게 해주었다. 내 몸이 직접 움직이지 않고도 실제와도 같은 자연의 아름다움을 향유할 수 있다. 그러나 이렇게 제공되는 영상 체험에서 개인의 삶의 '순간'은 존재하지 않는다. 일상에서의 번잡함과 스트레스로부터의 도피, 혹은 사람에게 받은 상처를 치유하기 위해 찾아간 고독의 공간, 자연에 도달하기까지의 설레고 피곤한 여행길, 이 모든 각자의 사정과 이유가 자연을 바라보는 그 '순간'에 함께 체험되고 지각에도 영향을 끼치는 것이다. 테크놀로지는 그러한 '고유한 순간'을 소멸시킨다. VR 기기를 통해 우리는 아무 때나 어디서나 아마존의 정글에도 갈 수 있고 세렝게티 초원에서 뛰어다니는 야수들을 가까이서 생생하게 만날 수도 있다. 그러나 현실보다 더 현실 같은 영상이 눈앞에 펼쳐지더라도 거기에는 개인의 삶에서 어느 한 순간이라는 것은 존재하지 않는다.

자연은 항상 삶의 근원을 제시하는 동경의 공간이자 성찰의 대상이었다. 예술에서는 '자연모방(미메시스)'이 오랜 세월 예술의 절대법칙으로 작용하였다. 예술가들은 자연을 묘사하고 노래하면서 인간의 심상과 정신을 거기에 투영시켰다. 시인들은 언어를 통해, 화가들은 형상과 색채를 통해, 음악가들은 선율과 화음을 통해 자연을 모방하고 자연의 인상을 재현하였다. 그리고 평생 자연과 함께 살아가면서 자연과 함께 나이 들었고 마지막에 자연 속으로 돌아갔다. 늘 그대로인 자연의 모습을 바라보면서 젊었을 때는 청년의 벅찬 꿈과 희망을 자연에 투사하였으며, 늙어서는 지나온 삶을 성찰하며 자연과 고즈넉한 대화를 나누었다. 그리고 노년의 성숙한 시선으로 자연을 마주하면서 마침내 삶과 죽음의 깊은 의미를 깨달았다.

이제 자연과의 관계를 통해 노년의 삶을 반추하는 몇 편의 노래와 시를 소개하고자 한다. 그것은 독일의 후기낭만주의를 대표하는 음악가 리하르트 슈트라우스(Richard Strauss, 1864-1949)가 말년에 남긴 〈네 개의 마지막 노래(Vier letzte Lieder)〉다. 슈트라우스가 선택한 가사는 헤르만 헤세와 아이헨도르프의 서정시 들이다. 시인이 자연을 마주하며 보고 느낀 '순간'이 시 안에 고스란히 남아있으며, 슈트라우스는 그 시 속에서 자신의 삶과 부합되는 '순간'을 발견하고 음악을 입혀 새롭게 해석하였다. 이 가곡 네 편의 시와 음악 속에서 자연을 통해 성숙하고 삶의 통찰에 이르는 노년의 모습을 만나게 될 것이다.

3. 마지막 네 곡의 노래를 들으며

1864년 뮌헨에서 태어난 슈트라우스는 성공한 음악가로 평생 여유로운 생활을 영위했다. 아버지는 궁정오케스트라의 수석 호른 주자였다. 유복한 가정환경과 예술적 분위기에서 자란 슈트라우스는 6살에 작곡을 시작할 정도로 천재적 소질을 지니고 있었다.

슈트라우스는 〈차라투스트라는 이렇게 말했다〉, 〈죽음과 변용〉, 〈돈 후안〉 등 교향시를 작곡했으며, 리하르트 바그너의 뒤를 이어 독일 오페라를 발전시켰다. 바그너처럼 음악과 드라마의 긴밀한 결합을 강조한 슈트라우스의 오페라는 비교적 음악이 풍부한 이탈리아 오페라에 비해 국내에는 덜 알려졌다. 하지만 〈살로메〉, 〈엘렉트라〉와 같은 작품은 20세기 오페라의 혁신적 작품이며, 〈장미의 기사〉, 〈낙소스 섬의 아리아드네〉 등 그의 작품은 꾸준히 세계 유명 오페라하우스에서 공연되고 있다.

슈트라우스는 가곡에도 깊은 관심을 가졌다. 특히 소프라노 성부를 위한 가곡을 주로 작곡하였는데 이는 그의 평생 반려자이자 소프라노 가수였던 파울리네 데 아나(Pauline Strauss-de Ahna)를 위한 것이었다. 파울리네는 1894년 슈트라우스와 결혼한 이후에도 오페라 가수로서 활동하였으며, 특히 슈트라우스 가곡의 뛰어난 해석자였다. 부부는 말년까지 사이좋은 평생의 동반자였다. 파울리네는 남편이 85세로 사망한 이듬해 세상을 떠났다.

슈트라우스는 평생 굴곡 없는 삶을 살았지만 노년 들어 자신의 경력에 오점을 남기게 된다. 1933년 나치가 국가 권력을 장악한 후

제국음악협회 의장직에 임명된 것이다. 히틀러는 권력을 거머쥔 후 언론을 장악하고 노동운동 등 모든 사회운동을 저지하였으며, 지식과 예술 분야에서도 탄압을 강행했다. 이때 많은 지식인과 예술가들이 독일을 떠나 정치적 망명을 하게 된다. 하지만 슈트라우스는 제3제국 시대에도 독일에 남아 음악계의 원로로서 활동하였다. 그는 히틀러와 나치의 정치적 위험성에 대해서는 민감하지 않았던 것 같다. 나치와의 불화로 1935년 의장직을 사퇴했지만, 슈트라우스는 패전 후 나치 협력자 혐의에서 자유로울 수 없었다. 신변이 정리되고 모든 혐의를 벗을 때까지 그는 독일을 떠나 스위스에서 머물렀다. 일종의 도피성 체류였다. 오케스트라 가곡 네 편은 이 시기에 작곡되었다. 1948년 슈트라우스가 사망하기 2년 전 일이다. 대편성 오케스트라가 반주하는 이 가곡들은 슈트라우스가 평생 전념했던 교향시와 오페라 등 그의 음악의 중요한 특징을 모두 드러내는 최후의 걸작이다.

〈네 개의 마지막 노래〉는 「봄(Fruehling)」, 「구월(September)」, 「잠들 때(Beim Schlafengehen)」, 「저녁놀(Im Abendrot)」, 이렇게 네 곡으로 구성된 연가곡이다. 네 곡은 유기적 전체를 이루며 항상 순서대로 연주된다. 그런데 연가곡 형식은 작곡가가 처음부터 의도했던 것은 아니다. 슈트라우스는 동시대 시인 헤르만 헤세(Hermann Hesse, 1877-1962)의 시 3편에 작곡을 했고, 낭만파 시인 아이헨도르프(Joseph von Eichendorff, 1788-1857)의 시를 가사로 한 가곡 한 편을 유작으로 남겼다. 작곡가 사망 후 1950년 런던에서 초연될 때 이 네 개의 가곡은 〈마지막 네 개의 노래〉라는 타이틀로 묶여서 연주되었으며, 이후 항상 나란히 연주되고 있다.

작곡가에 의해 기획된 연가곡은 아니지만 이 네 편의 노래에는 삶, 죽음, 작별 등 일관된 주제가 흐르고 있다. 네 곡 중 가장 먼저 작곡된 것은 아이헨도르프의 시 「저녁놀」이었다. 뒤에서 살펴보겠지만 시의 내용은 흡사 슈트라우스 자신의 이야기라고 해도 과언이 아니다. 그 후 슈트라우스는 헤세의 시선집을 선물 받고는 그 가운데 몇 편을 작곡하여 가곡집으로 완성할 생각을 갖게 된다. 「봄」, 「잠들 때」, 「구월」이 차례로 작곡되었으나 슈트라우스는 이 3편만을 남겼을 뿐, 가곡집은 완성하지 않았다. 작곡가 사후 그의 친구이자 편집자인 에른스트 로트가 헤세 가곡 3편과 「저녁놀」을 함께 출간하면서 지금의 순서를 갖게 되었다.

네 편의 가곡은 「봄」, 「구월」, 「잠들 때」, 「저녁놀」로 구성됨으로써 인생의 흐름을 나타내는 스토리를 지니게 되었다. 봄은 삶이 시작되는 시간, 구월은 삶이 절정을 지나 저물어가는 시간이다. 그리고 밤이 깊어 안식을 희구하게 되며, 마지막 노래 「저녁놀」에서는 지난 삶의 회고와 죽음에 대한 상념이 솔직하게 표현된다. 시의 마지막 단어도 '죽음(Tod)'이다. 시인은 주저하듯 혼잣말로 묻는다. "어쩌면 이런 것이 죽음일까?" (Ist dies etwa der Tod?)

첫 번째 노래는 삶이 시작되는 계절, 「봄」이다.

봄

어둑어둑한 동굴 속에서
나는 오랫동안 꿈꾸었다,
너의 나무들과 푸른 바람
너의 향기와 새들 노래를.

이제 너는
장식과 화려함으로 열려,
빛에 휩싸인 채
기적처럼 내 앞에 있다.

너는 나를 다시 알아보고
다정하게 유혹하니,
너의 복된 현재를 느끼며
나의 온 몸이 떨린다.

동서고금의 많은 시인들이 생명이 약동하는 계절 봄을 노래하였다. 특히 겨울이 긴 독일인들에게 봄은 오랜 인내 끝에 만나는 반가운 계절이 아닐 수 없다. 그래서 봄을 찬양하는 노래들이 유달리 많다. 봄의 노래는 주로 꽃과 새들, 새로운 탄생을 기뻐하는 흥겨움과 경쾌함으로 표현된다. 하지만 헤세의 시어는 무척 차분하다. 절제되고 단순한 어조를 통해 시인은 어둑어둑한 동굴에서 오랫동안 꿈꾸어왔던 봄과의 만남을 고요하지만 벅찬 감동으로 표현한다.

동굴의 어둠을 벗고 나와서 봄볕을 맞을 때 삶은 춥고 절망적인 겨울, 암울한 현실로부터 새로운 희망을 향해 다시 태어난다. 마치 오랜

병을 앓다가 어느 날 문득 건강이 호전되어 희망이 고개를 들고 삶에 대한 용기가 솟을 때의 느낌이랄까. 헤세의 시는 봄이 그러한 희망이 싹트는 계절이라고 우리에게 말해주는 듯하다. 기나긴 절망과 오랜 병고의 끝이 어디인지 알지 못한 채 동굴에 갇혀 있던 이에게 어느 날 문득 찾아온 봄. 무채색의 겨울을 어느새 화려한 장식으로 물들여놓은 이 계절은 자연이 베푸는 기적, 바로 그것이다.

헤세가 봄을 생명과 치유의 계절로 바라보면서 그 기적 앞에서 조용히 전율하는 반면, 슈트라우스는 시의 여백을 음악으로 가득 채운다. 물살과 같은 느낌, 빛의 소용돌이처럼 오케스트라의 전주부터 과감하게 유동하는 음악은 끊임없이 조를 바꾸면서 어디로 진행될지 모르는 채 계속해서 움직이고 또 움직인다. 그 음악은 현란하다 못해 관능적이다. 음향은 색감과 뉘앙스로 가득 차 있다. 마치 시시각각 변하는 봄날의 햇빛이 자연 사물에 다양한 음영을 드리우듯이, 오케스트라 반주가 묘사하는 봄은 그야말로 변화무쌍하고 인상주의적이다.

음악적 표현에서 돋보이는 것은 '멜리스마' 기법이다. 멜리스마란 연음, 즉 하나의 음절에 여러 개의 음을 연결하는 표현법인데, 아주 길게 이어지는 연음 효과 역시 봄날의 가변적인 햇살과 그 안에서 다채로운 모습으로 드러나는 자연의 운동과 흐름에 딱 들어맞는다. 반음계와 조바꿈으로 계속 움직이며 음표는 예측불허의 지점에 닿았다가 다시 굴절되며 부유한다. 그러한 선율의 움직임은 음악이 끝날 때야 비로소 온음계로 조화롭게 해결되며 안착한다.

구월

정원은 슬픔에 잠기고
꽃들 속으로 차가운 비 내린다.
여름은 다가오는 자신의 종말 앞에서
조용히 몸서리친다.

금빛 이파리 하나 둘씩
키 큰 아카시아나무에서 떨어지고,
여름은 놀라며 풀죽은 채 엷게 웃는다,
죽어가는 정원의 꿈을 향하여.

장미꽃 가에 한참 머물면서,
여름은 이제 안식을 갈망한다.
그리고는 고단해진 큰 눈을
천천히 감는다.

봄이 인생의 출발이요 청년기를 상징한다면 여름은 인생의 가장 왕성한 시기를 가리킨다. 그리고 그 여름이 꺾일 무렵, 가을로 넘어가는 문턱에 구월이 있다. 〈네 개의 마지막 노래〉를 인생에 대한 비유로 본다면, 청소년기에서 어느새 중년기로 훌쩍 뛰어넘은 셈이다.

차가운 비가 내리는 어느 날 시인은 정원을 물끄러미 내다보고 있다. 여름의 꽃들 속으로 차가운 비가 떨어지면서, 계절은 또 한 차례 바뀌는 중이다. 환절기에는 비가 오거나 바람이 많이 불고 나서 문득 계절이 후딱 달라진 느낌을 주는 날이 있다. 지금 시인이 바라보는 정원의 모습도 그렇다. 비는 지난 여름에도 숱하게 내렸을 것이다. 하지만 지금 이 정원에 내리는 비는 그 여름에 종말을 고하는 비다. 불현듯 한 계절이 지나감을 느끼게 하는 비.

여름은 의인화되고 시인의 심상은 의인화된 계절 속으로 이입된다. 여름은 시인 자신의 비유다. 여름이 다가오는 종말을 느끼듯 시인 역시 인생의 어느 모퉁이에 와 있음을 느낀다.

사람은 누구에게나 자신의 '때'가 있다. 아무리 의욕과 열정이 넘친다 해도 어느 때에 이르면 스스로 그것을 받아들이고 물러날 줄 알아야 한다. 여름은 인생이 겪어낸 시간이다. 삶은 한여름의 뙤약볕과 뇌우와 싸우며 많은 것을 일구어냈다. 하지만 시간은 지속되지 않는다. 절정이 지나면 언젠가는 정리하고 떠날 시기가 온다는 것, 그것이 자연이 우리에게 안내하는 진실이다.

우리나라의 구월은 아직 여름의 잔열이 가시지 않은 계절이지만 독일의 가을은 일찍 찾아들어, 아카시아 잎은 벌써 노란 색을 입고 떨어지기 시작했다. 여름은 이런 계절의 변화를 바라보면서 너무 일찍 찾아온 종말의 시간에 아쉬워하며 씁쓸한 미소를 띨 뿐이다. 훌훌 떨쳐버리고 떠나는 것이 그렇게 간단치는 않을 것이다. 여름은 자신이 한 계절 내내 아름답게 피워낸 장미꽃 가에 서성이면서 이별을 못내 아쉬워한다. 하지만 모든 미련과 욕심을 내려놓았을 때, 지치고 고단한 자신을 발견하고 이제는 텅 빈 마음으로 진정한 안식을 갈망할 수 있다. 삶에 주어진 모든 과업을 마쳤으니 휴식만이 그의 궁극의 위안과 보상이 될 것이다. 천천히 눈을 감고 여름은 비로소 깊은 휴식 속으로 들어간다.

'여름의 죽음'을 노래한 이 시야말로 작별의 주제를 선명히 보여주는 것이다. 그리고 인생의 깊은 통찰도 이 시안에 들어있다. 봄-여름-가을-겨울의 변화가 인생의 단계를 상징하듯, 약동하는 유년의 삶은 여름이라는 삶의 전성기를 지난 후 삶을 수확하고 정리하는 계절 가을을 거쳐 죽음과 안식의 계절 겨울을 맞게 되는 것이다. 비록 자신이 일구어놓은 것들을 두고 떠나는 것은 아쉽지만 욕망과 집착을 버리고 모든 것을 내려놓은 채 자연의 순리를 받아들일 때 인생은 마지막 성숙의 단계로 완성되는 것 아닐까.

「봄」에서 빛의 유희를 현란하게 표현한 슈트라우스는 「구월」에서는 침착하고 차분한 음악으로 헤세 시에 담긴 정서와 상념을 표현하였다. 특히 성악부가 끝난 후에 진행되는 후주에서는 두툼한 톤으로 울려 퍼지는 호른의 역할이 인상적으로 남는다. 그것은 자신의 삶의 과업을 마치고 떠나가는 영웅의 뒷모습을 배웅하는 것 같다. 주어진 삶을 충실하게 마치고 모든 미련을 떨쳐버리고 묵묵히 떠나가는 사람, 그는 누구라도 영웅과 다름없는 존재일 것이다.

잠들 때

한낮은 나를 지치게 했다,
내 그리움의 열망은 이제
피곤한 어린아이처럼, 반가이
별 빛나는 밤을 맞아야 한다.

손이여, 모든 행동을 거두어라,
머리여, 모든 생각을 잊어라,
내 모든 감각은 지금
잠 속에 빠지려 한다.

그리고 영혼은 아무도 모르게
자유의 날개로 날으리라,
신비한 밤의 나라에서
심오한 수천 가지 삶을 살기 위하여.

안식에 대한 갈망은 「잠들 때」에서도 계속된다. 고단한 낮이 지나고 밤을 맞이하는 시간, 마치 낮을 살아낸 것이 밤의 안식을 위한 것인 양 시인은 그리움의 열망으로 이 시간을 기다려왔다. 어린아이같이 가난하고 순수하게 밤의 세계 속으로 들어가려 한다.

시인이 스스로에게 그리고 독자에게 조용히 건네는 시구는 너무도 절실히 다가온다. "손이여, 모든 행동을 거두어라. 머리여, 모든 생각을 잊어라." 모든 행동을 거두고 아무 것도 하지 않는 것, 현대의 각박한 삶 속에서 그렇게 쉴 여유를 어디서 찾을 수 있단 말인가. 돈을 벌고 과제를 수행하기 위해 무언가를 끊임없이 해야 하는 오늘의 삶, 게다가 머릿속은 해야 할 일과 아직 하지 못한 일에 대한 상념으로 가득 차 있다. 삶은 그렇게 온갖 복잡한 일과 관계에 얽혀있어, 생각을 비우고 행동을 거두는 것은 결코 쉬운 일이 아니다. 그러니 시인이 건네는 이 말이 얼마나 커다란 위로로 다가오는지 모른다. 모든 것을 내려놓거라, 비우거라, 이제는 온전한 휴식으로 들어갈 때다.

계절의 변화를 통해 삶의 사이클이 제시되었다면 이 시에서는 하루의 때를 통해 인생의 시간을 나타낸다. 생명과 성장이 시작되는 아침과 삶의 전성기인 낮이 지나면 해는 기울고, 하루를 마무리하듯 삶을 마감해야 하는 시간은 찾아오게 마련이다. 잠자면서 사람은 꿈을 꾼다. 꿈의 세계에서는 일상의 한계를 벗어나 무한한 상상을 펼칠 수 있다. 낮의 현실세계보다 밤의 꿈의 세계야말로 삶의 심오함을 체득할 수 있는 참된 시간인 것이다. 그러므로 잠이 암시하는 죽음 역시 무척 긍정적으로 받아들여진다. 죽음은 종말이 아니라 최후의 휴식이며, 영혼은 비로소 자유를 얻어서 무한한 신비의 세계로 날아 올라가는 것이다.

슈트라우스의 작곡에서 인상적인 부분은 졸음을 거쳐 비로소 잠으로 빠져들기 전, 2연과 3연 사이에 서정적인 노래 한 곡이 간주로 삽입된 것이다. 바이올린 독주로 연주되는 아름다운 선율에는 깊은 밤의 서정이 듬뿍 담겼다. 가냘프게 흐늘거리는 선율은 영혼을 미지의 세계로 인도하는 것 같다. 간주가 끝나면 성악이 간주에 제시되었던 바이올린 멜로디를 반복한다. 선율은 멜리스마의 부드러운 표현을 타고 서서히 상승하고 오케스트라 반주 역시 날개를 펄럭이며 신비한 밤의 나라로 향하는 것처럼 상승한다. 마침내 밤의 나라에 도착했을 때 영롱한 별빛의 묘사와 함께 음악은 차분히 마무리된다.

저녁놀

우리는 손을 맞잡고
고난과 기쁨을 지나왔네,
조용한 땅을 내려다보며 이제
우리 두 사람 방랑에서 쉬네.

사방에 계곡이 기울고,
하늘은 벌써 어둑해지는데,
두 마리 종달새 꿈꾸듯
향기 속으로 날아오르네.

이리 오게, 그들은 울게 두고.
곧 잠잘 시간이니,
우리는 이 고독 속에서
더 이상 헤매지 않으리다.

오 넓고 고요한 평화여!
저녁 놀 속에 깊구나,
우리는 방랑에 얼마나 지쳤는지 -
어쩌면, 이런 것이 죽음일까?

시의 표제 「저녁놀」은 정확히 옮기자면 「저녁놀 속에서」라고 해야 맞다. '저녁놀'과 '저녁놀 속에서'는 확실히 다른 뉘앙스를 전한다. 그냥 바라보는 저녁놀이 아니라 그 찬란한 빛 속에 내가 들어있는 것이다. 이 시에서도 저녁은 삶의 저녁인 노년을 상징하고, 밤의 휴식은 죽음과 동일시된다.

시 속의 주체는 혼자가 아닌, '우리'다. 손을 맞잡고 고난과 기쁨을 지나온 '우리'는 삶의 동반자들이다. 나이도 지긋이 들었을 이 두 사람은 방랑의 여정을 멈추고 '조용한 땅이 내려다보이는' 산악지대 어디에선가 하룻밤 머물려고 한다. 사방에 가파른 계곡이 보이고, 이미 날은 저물고 있다. 두 마리 종달새가 지저귀며 날아오르는 모습도 보인다. 종달새는 보통 이른 아침을 여는 새로 알려져 있다. 시에서는 종종 낮의 활력과 젊음을 의미한다. 그런데 이 시에서는 해가 저무는 시간인데도 종달새들이 하늘로 솟구쳐 오르며 지저귀고 있다. 시 속의 '우리' 두 사람처럼 종달새도 두 마리.

계곡을 내려다보며 종달새를 관찰하는 동반자에게 시인은 이제 그만 쉬러 들어가자고 말을 건넨다. 오늘의 여정은 끝났으니 더 이상 쓸쓸한 땅을 방황할 일은 없을 거라고. 그렇게, 사랑하는 이를 데리고 숙소로 들어가려다가 시인은 돌아서서 해가 지는 먼 하늘을 바라본다. 때마침 저녁놀은 온 세상을 붉은 빛으로 물들이고, 빛을 거두기 전 마지막 광휘 속에 타오르는 자연에는 넓고 고요한 평화가 깃들어 있다. 이 장엄한 저녁놀 속에, 거룩한 평화 속에 지금 평생을 동고동락하며 함께 해온 두 사람이 서 있다. 시인은 문득 자신들이 지나온 삶의 여정이 얼마나 고단했는지 돌이키게 된다. 그러한 고단함이 끝나고 고요한 평화 속에서 쉬는 것, 이 위대한 자연의 휴식 속으로 돌아가 쉬는 것, 어쩌면 죽음이란 이런 것이 아닐까?

슈트라우스의 작곡은 헤세의 시를 바탕으로 한 앞의 세 곡과 그 느낌에서 확연히 차이가 난다. 앞의 세 곡에서는 멜리스마의 효과가 음향의 부드러운 운동감이 일관된 기조를 이룬 반면, 「저녁놀」에서는 멜리스마가 자취를 감추고 윤곽이 뚜렷한 음의 형상을 들려준다. 오케스트라의 총주로 시작하는 전주는 유장하게 전개된다. 1분을 넘는 꽤 긴 전주는 대자연의 모습을 파노라마 영상처럼 묘사한다. 아이맥스 화면에 펼쳐지는 영상의 배경음악으로 사용해도 적절할 것이다. 오케스트라 전주가 펼쳐지는 동안 간헐적으로 쿵, 쿵 하는 북소리가 들려오는데, 그것은 마치 성큼성큼 다가오는 운명의 발걸음처럼 들리기도 한다.

슈트라우스는 2연에서 종달새가 등장할 때 피콜로의 떨리는 가녀린 음으로 종달새를 모방하였다. 종달새의 소리는 노래의 여기저기서 장식적으로 표현된다. 소프라노의 차분한 목소리로 시작되어 온화하게 진행되던 음악은 3연 후반부에서 머뭇거리듯 느려지며 상념에 감싸인다(우리는 이 고독 속에서/ 더 이상 헤매지 않으리다). 그리고 4연, 저녁놀의 아름다움과 평화로움을 발견하는 순간 장엄하고 아름다운 멜로디가 펼쳐지며 절정에 이르렀다가 마지막 두 행에서 다시 느려진다. 성악은 "이런 것이 죽음일까?"라고 단어 하나하나 천천히 부르면서 확신을 갖지 못한 채 불완전하게 끝난다. 그리고 이어서 2분이 넘는 긴 후주가 노래를 마무리한다.

삶은 언젠가 끝나고 누구나 지상의 인연과는 작별을 고해야만 한다. 슈트라우스는 후주에서 육체는 비록 소멸하지만 영혼은 계속 살아있음을 표현하고 있다. 슈트라우스는 이미 25세에 교향시 〈죽음과 변용〉에서 삶과 죽음의 주제를 다룬 적 있다. 「저녁놀」 후주에서 그는 젊은 시절에 작곡했던 〈죽음과 변용〉의 주제를 인용하였다. 육체의 소멸을 넘어서 새로운 차원으로 승화되는 영혼의 주제를 보다 선명히 들려주려는 것이다.

그리고 슈트라우스는 오케스트라의 후주에서 성악이 불완전하게 던진 물음에 대답을 완성하였다. 그렇다. 죽음은 바로 저 위대한 대자연의 평화 속으로 돌아가는 것이다. 영혼은 변용되어 무한한 자연과 하나가 되는 것이다. 마지막 오케스트라의 연주가 차츰 잦아드는 가운데 2연에서 종달새를 표현했던 피콜로의 트릴이 연약하게 다시 울리면서 약간의 생동감이 부여된다. 종달새 모티프는 두 사람의 젊은 날을 회고하는 것 같기도 하고, 또 인생은 그렇게 왔다가 떠나가지만 새로운 생명이 그 뒤를 이어 다가온다는 것을 암시하는 것 같기도 하다. 삶은 나그네길 같은 것, 그 여정은 죽음에서 최종 휴식을 발견한다. 하지만 죽음이란 허무하거나 두려운 것이 아니라 이 대자연의 평화 속으로 들어감을 의미한다. 인간은 그렇게 삶의 여정을 끝내고 자연으로 돌아가지만 새로운 세대의 삶이 그 뒤를 이을 것이다. 자연의 고요와 평화는 언제까지나 계속 될 것이다.

4. 마셔라, 찬란한 노년의 삶을!

취리히 태생의 고트프리트 켈러(Gottfried Keller, 1819-1890)는 19세기 후반 사실주의 문학사조를 대표하는 작가다. 초월적 신앙이 아니라 현실에서 진실을 찾고자 한 켈러의 소설은 보다 현실적인 바탕에서, 삶과 사회에 대한 통찰을 보여준다. 그는 훌륭한 시인이기도 했는데 노년을 노래한 시 「저녁노래(Abendlied)」에서도 그러한 작가의 면모가 확연히 나타난다.

눈이여, 내 사랑스런 작은 창이여,
오랜 시간 사랑스런 모습을 나에게 주었고
형상과 형상들을 다정히 맞아들였지.
언젠가 너희도 어두워지겠지!

언젠가 피곤한 눈꺼풀이 닫힐 때
너희 빛은 꺼지고 영혼은 안식을 얻으리라.
영혼은 방랑의 신을 어루만지며 벗고
캄캄한 관 속으로 들어가 누우리라.

영혼은 내부에서 빛나는 두 개의 별처럼
아직 타고 있는 두 개의 작은 불꽃을 보네.

그것들은 결국 흔들거리다가
나비의 날갯짓에 사라져가리라.

그러나 지금 나는 저녁 들판을 거닐고 있다.
가라앉는 저 천체를 벗하여.
마셔라, 오 눈이여, 이 세상의
황금빛 풍요로부터 속눈썹이 붙드는 것을!

시인은 자신의 눈에게 말을 걸고 있다. 오랜 시간 이 세상의 사랑스런 모습과 형상을 내면으로 받아들였던 눈은 언젠가 어두워질 것이다. 시인은 노년의 쇠퇴의 징후를 시력저하에서 발견한다. 눈꺼풀이 닫히는 순간, 그것은 더 이상 이 세상과의 교류가 이루어지지 못하고 생이 마감되는 순간이다. 시인은 앞서 그의 선배들이 죽음을 노래하였던 방식으로, 죽음을 '영혼의 안식'이라고 읊고 있다. 그러나 그 안식은 괴테의 시가 보여주는 것처럼 이 자연세계의 총체성으로의 진입을 의미하지 않는다. 괴테의 「나그네의 밤 노래」가 영혼이 자연의 원소로 돌아가고 자연의 존재와 궁극적인 하나 됨을 희구하는 것과 달리, 켈러의 시어는 죽음의 가차 없는 현실성을 보여준다. '캄캄한 관 속에 누울 것이다.'

차가운 관 속에 누운 영혼이 바라보는 두 개의 작은 불꽃, 그것은 눈빛이고 시력이 남아 있는 동안 삶은 아직 끝나지 않았다. 물론 그것은 차차 소멸될 것이다. 나비의 가벼운 날갯짓에 흔들려 꺼지는 기운 없는 불꽃처럼 사그라질 것이다. 그렇게 가녀린 날갯짓에 꺼지고 말 정도로 연약하다는, 이 표현에는 또한, 그 마지막 사그라짐의 순간까지도 영혼의 불꽃으로 존재를 남김없이 태우겠다는 의지도 나타난다.

켈러의 이 시에서도 시인은 자연 앞에서 인간의 삶을 통찰한다. 시의 마지막 4연에서 자연과 시인의 모습이 읊어진다. 시인은 지금 저녁 들판을 거닐고 있다. 그러니까 앞의 세 연들은 저녁 들판을 산보하는 동안의 상념이다. 그리고 그는 가라앉는 천체, 즉 태양을 벗 삼아 걷고 있다고 말한다. 독자의 시야에 그려지는 것은 넓은 들판에 고독한 노년의 사내가 석양을 마주하고 있는 광경이 펼쳐진다. 이 순간 이 사나이는 저물어가는 태양과 동일시된다. 태양이 하루의 생명을 마감하며 서쪽 하늘에 장엄한 붉은 광채를 물들이며 저물 듯이 인간의 삶도 저물녘에 가장 찬란하고 아름다운 것이다. 그러므로 고독한 들판의 산보객은 태양의 스러짐을 안타까워하지 않는다. 영혼이 차가운 관에 눕고 영혼의 불꽃이 사그라지는 것을 삶의 당연한 과정으로 받아들인 것처럼, 태양의 '죽음' 역시 그 자체로 받아들여야 할 뿐이다. 그러나 빛이 거두어지기 전 저녁햇살이 이토록 찬란한 것은 태양의 삶이 철저하게 치열했기 때문이다.

마지막 두 행은 아주 강렬하게, 눈에 대한 명령으로 마무리된다. "마셔라, 오 눈이여!"

저물어가는 태양이 하루의 가장 풍요로운 광경을 만들어낸 것처럼 그의 인생의 저녁 역시 초라하거나 서글프지 않다. 그는 자신의 눈에게 속눈썹이 붙드는 그 어느 것도 놓치지 말고 만끽하라고 명령한다. 생의 마지막 순간은 필연으로 다가오지만 지금 현재, 그의 인생이 일구어 놓은 저녁의 시간, 그렇지만 가장 풍요로운 이 시간에 그는 여전히 '살아있기' 때문이다. 이 시는 그렇게 삶의 마지막까지 남김없이 살아내겠다는 의지로 끝난다. 그렇기에 이 시는 삶에 대한 긍정과 찬미로 울려온다. 비록 육체는 쇠퇴한다 해도 살아있는 마지막 순간까지 삶은 소중하고 가치 있는 것이다. 눈의 빛이 점차 어두워진다 해도 그 빛이 남아있는 한 세상의 풍요로움을 기쁘게 마셔야 하는 것이다.

지금까지 살펴본 슈트라우스의 노래와 켈러의 시에서 우리는 자연 앞에서 삶의 의미를 깨달았던 그들의 자취를 발견할 수 있었다. 그들에게 노년은 삶의 성숙이며 죽음은 자연회귀의 당연한 과정이었다. 그러나 인간과 자연의 관계가 단절되는 포스트휴먼 시대에는 노년에 대한 인식도 바뀔 것이다. 아니, 그러한 변화는 이미 시작되었다.

기술의 도움으로 수명은 계속 늘고 있지만 노년의 가치에 대한 이해는 퇴보하는 것처럼 보인다. 테크놀로지는 '현재'에 대한 욕망을 자극하기 때문이다. 아름다운 외모와 젊음을 추앙하는 오늘의 문화에서 노화는 극복해야 할 '문제'로 취급된다. 노년을 삶의 성숙이 아니라 가급적 피하고 싶은 퇴화의 단계로 바라보는 것이 현실인 것이다.

물질문명의 발전과 내적 성장은 비례하지 않는다. 오히려 내면은 더 빈곤해질 수 있다. 어쩌면 그것이야말로 포스트휴먼이 우려해야 할 가장 큰 비극이 아닐까.

문학작품에 나타나는 노인의 '존재 확인'의 양상들

오윤희_성균관대학교 독어독문학과 겸임교수

문학작품에 나타나는 노인의 '존재 확인'의 양상들

1. 들어가는 글

각각의 연령대에는 그에 어울리는 '존재확인' 방법들이 존재한다. '존재확인'이란 자신이 삶을 지속하는 이유를 사회적으로 혹은 자신에게 정당화 시키는 행위라고 할 수 있다. 예를 들어 20대에는 학업을 통한 타인과의 차별화나 부모로부터의 독립이, 30대에는 가정을 꾸려 이끌어가는 가장의 역할이, 40대에는 사회적인/직업적인 성공이, 그리고 50대에는 자식들의 만족스러운 사회진출 등등이 자신의 존재를 정당화시키는 좋은 예들이다. 그렇다면 삶을 마무리하는 단계인 노년의 삶을 살고 있는 이들에게 과연 어떤 것들이 이들의 삶에 의미와 보람을 줄 수 있을까? 젊은이들이 상상하듯이 그저 시간이나 때우는 삶이 과연 이들 삶의 진정한 모습일까? 노인이 되면 과연 무엇을 통해서 자신들의 삶을 정당화시킬 수가 있을까? 도대체 무엇이 그들의 삶에 활력을 줄 수 있을까?

미래보다는 과거에 점점 더 많이 얽매이게 되는 것이 일반적인 노인들의 삶이다. 과연 이들은 화려했던 과거에 대한 기억만으로도 현재의 삶을 만족하며 살 수 있을까? 당연히 이러한 노년의 모습은 바람

직한 것은 아니다. 육체적으로 약해지고 정신적으로 점점 느슨해지는 것을 늘 느끼면서 사는 노년에 과연 무엇이 그들의 삶에 만족스러운 존재 이유를 줄 수 있을까? 사회에서 요구하는 보편적이고 모범적인 노인의 상에 맞게 사는 것이 과연 행복한 삶이 될 수 있을까?[1] 아니면 지금까지 눌려오고 숨어있던 자신의 감정에 충실하게 사는 것이 행복한 삶일까? 삶을 서서히 마무리해야만 하는 노인에게 무엇이 과연 더 만족스러운 것일까? 문학작품 속에 나타나는 아주 상반된 모습들의 비교를 통해서 이러한 문제들에 대한 해답을 찾아보려고 한다.

2. 토마스 만의『베니스에서의 죽음』(1912) 숨겼던 욕망의 실현을 통한 존재 확인

어느 봄날 오후, 50을 훌쩍 넘긴[2] 작가 아쉔바하는 창작 작업에 지친 나머지 산책을 한다. 해가 질 무렵 집으로 돌아가던 그는 피곤해서 도시의 공원묘지 입구에서 전차를 기다리다가 멀리 혼자 서 있는 한 사내를 발견한다. 비록 거리가 꽤 멀었지만 사내는 왠지 그 지방 사람

1) 동서양을 막론하고 사회가 노인에게 요구하는 것은 거의 비슷하다. 모나지 않고, 도덕적이고, 주변인들과 잘 어울리는 삶이 일반적으로 노인들에게 요구하는 삶이다. 더 나아가서는 노인들은 젊은이보다 더 현명해야만 한다. 젊은 시절의 열정을 표출하는 것은 그다지 긍정적인 것으로 받아들여지지 않는다.

2) 이 작품은 1911년에 쓰였다. 요즈음에는 나이 50이면 노년이라고 하기에는 이른 나이지만 이 작품이 쓰였던 당시에는 노년에 속한다, 작품에서도 주인공과 같은 연배의 인물들에 대해서 '늙은이'라는 호칭을 자연스럽게 쓰고 있다.

이 아니고 아주 먼 곳에서 온 사내로 여겨진다. 그에게서 매우 이국적인 인상을 받는다. 이 사내를 보는 순간 아쉔바하의 내부에서는 갑자기 어떤 충동이 일어나는 것을 느낀다. 이 감정이 정확히 어떤 것인지 그는 알 수 없었다. 하지만 곰곰이 생각하면서 그는 그것이 일종의 여행을 떠나는 것에 대한 갈망이라는 것을 알게 된다. 그리하여 자기 관리에 철저해서 한 번도 빈둥거리거나 혹은 방종하게 시간을 헛되이 보내지 않은 작가 구스타프는 집을 떠나서 남쪽[3]으로 여행을 떠난다.

처음에 간 곳은 아드리아 해변가의 어느 한적한 바닷가. 이곳에서 일주일 이상을 머물면서도 그는 내부에서 뭔가를 갈구하는 것을 만족시킬 수가 없었다. 그는 그 이유를 알게 되는데 "동화처럼 환상적인 일탈을 이룩하기"에 적합한 곳이 아니기 때문이었다. 비로소 그는 자신이 이번 여행에서 기대했던 것은 바로 '일탈'이라는 사실을 깨닫는다. 그것도 보통의 것이 아닌 아주 '환상적'인 일탈이었다. 이러한 사실을 의식하자마자 그는 즉시 베니스[4]를 향해 떠난다.

베니스에서 그는 14세 정도의 한 소년을 알게 된다. 그리스 조각처럼 잘생긴 소년, "신적인 아름다움을" 가진 소년, "대리석으로 깎아놓은 듯한 에로스 신의 두상"과도 같은 생김새의 소년에게 그만 첫눈에

3) 토마스 만에게 남쪽과 북쪽은 지리적인 위치를 말해주는 것 이상의 의미를 갖는다. 북쪽은 자신의 아버지의 세계, 즉 삶의 현장이고 남쪽은 어머니의 세계, 예술의 세계를 의미한다. 이러한 숨은 의미는 토마스 만의 초기에서 중기까지의 거의 모든 작품에 등장한다.

4) 당시 베니스는 유럽의 가장 국제적인 도시의 하나였다. 특히 각국의 예술가들이 모여서 자유롭게 삶을 영위할 수 있는 곳이었다. 그 어느 곳보다도 욕망에 충실한 삶이 가능한 곳이었다.

사랑에 빠진다.[5] "그래 정말이지 나를 기다린 것은 바다와 해변이 아니었구나. 네가 머물러 있는 동안 나도 여기에 머물러 있겠다"고 다짐한다. (457쪽)

토마스 만은 아쉔바하의 타지오에 대한 몰두를 표면적으로는 타지오 몸의 절대적인 아름다움에 대한 예술가적인 사랑으로 묘사한다. 하지만 예전 작품들에서와 마찬가지로[6] 작가는 이러한 사랑이 에로틱한 사랑이 될 수 있도록 해석의 여지를 남긴다. 그는 이러한 상황을 다음 구절과 같이 애매하게 묘사한다. "단지 바라보고 구경만 하게 되어 있던 자연의 귀중한 형상이 보다 더 많은 관심을 받을 만한 것으로 인식되었다…그 소년의 그렇지 않아도 아름다워서 의미심장한 모습에다가 새로운 면모를 부여해 주었으며, 그 면모로 말미암아 아쉔바하는 자신의 나이를 진지하게 생각하게 되었다."(461쪽) 자신의 나이를 생각하게 만드는 이 "더 많은 관심을 받을 만한 것"이나 혹은 "새로운 면모"는 과연 무엇을 의미하는 것일까? 그것은 그가 내부에 깊숙이 숨기고 있던 자신의 동성애적 욕망 바로 그것이다.

---

5) 잘 알려진 사실이지만 토마스 만은 동성애자였다. 하지만 그는 이러한 사실을 철저히 숨기고 살다가 죽는다. 하지만 죽은 후 20년이 지난 후에 개봉하라는 그의 일기 속에는 그의 동성애적 고백이 여러 군데 등장한다. 그는 자신의 성 정체성을 숨기기 위해서 아쉔바하가 소년에게 반하는 것의 원인이 절대적인 아름다움을 향한 예술가의 사랑으로 애매하게 처리한다. 하지만 이 사랑이 성적인 색채를 띠고 있다는 것은 여러 군데에 암시되어 나타난다.

6) 초기의 자전적인 작품『토니오 크뢰거』(1903)에서도 주인공 토니오는 한스에게 직접 "나는 너를 사랑해"라는 말을 하지만, 문맥상 다른 의미, 즉 육체적으로나 정신적으로 자신과는 전혀 다른 성향의 동성 친구를 좋아하는 대사로 해석이 가능하도록 처리하고 있다.

그가 여행을 떠나게 만든 어떤 낯선 사내를 만난 곳이 무덤 입구라는 것도 암시하는 바가 크다. 무덤은 죽음을 눈으로 직접 보고 느낄 수 있는 장소이다. 그가 여행을 떠나기로 마음먹는데 이 '죽음의 장소'가 커다란 영향을 끼쳤을 것이다. 자신의 원초적인 성적욕망을 그는 평생 가슴 깊숙이 숨겨두고 살았다. 과연 무엇 때문에 그랬을까? 그것은 바로 사회적 시선 때문이었다. 하지만 자신의 삶이 얼마 남지 않았다는 것을 느낄 수 있는 무덤가에서 그는 자신의 삶을 이렇게 끝낸다는 것이 너무나 허무하다고 생각했을 것이다. 죽음을 생각하게 만드는 노년에 도달해서야 비로소 그는 이 욕망에 충실하기로 결단을 한다.

충동적으로 길을 떠나서 원했던 상황을 마주했으나 다시 한 번 그의 이성이 그를 만류한다. 노년의 유명작가인 자신이 14살 정도 되는 소년을 사랑하는 것이 얼마나 위험하고 부도덕한 것인지를 그는 잘 알고 있다. 또다시 이성이 작동한다. 그래서 그는 베니스를 떠나기로 결심을 한다. 지금까지의 삶의 방식에 따라서 그는 이 소년을 떠나기로 결심한다.[7] 정신적인 애착에도 불구하고 육체적인 허약함 때문에 그곳을 떠나는 것이라고 자신의 행동에 정당성을 부여한다.

역에 도착한 그는 역무원이 실수로 그의 짐을 다른 곳으로 보냈다는 이야기를 듣는다. 그야말로 다시 돌아갈 수 있는 핑계를 찾던 그에

---

7) 베니스를 떠나는 표면적 이유는 시로코 열풍 때문에 몸의 컨디션이 좋지 않다는 것이다. 하지만 이러한 '육체적 요인'은 이중 의미를 갖는다. 정신적인 애착에도 불구하고 육체적 능력 때문에 떠나는 것을 초로의 남자 아쉔바하는 너무나도 굴욕적으로 받아들인다.

게 너무나도 잘 된 일이었다. "믿을 수 없는 명랑한 기분이 그의 내심에서부터 거의 발작처럼 솟구쳐 그의 가슴을 마구 뒤흔들어놓았다."(472쪽) 짐을 두고 떠날 수 없으니 짐이 돌아올 때까지 호텔에 머문다고 그는 선언하고 호텔로 돌아온다.

영화 『베니스에서의 죽음』. 타지오와 아쉔바하

이후 그는 마음껏 소년의 아름다움을 관찰하고 음미한다. "이 쭉 뻗은 완전히 젊은 육체에는 얼마나 훌륭한 규율과 명징한 사고가 표현되어 있는가!… 엄격하고도 순수한 의지!" 이런 몰두가 얼마나 위험한가를 알고 베니스를 떠나려고 했던 아쉔바하였지만 이제는 더 이상 망설이거나 주저하지 않는다. 마음껏 즐기고 향유한다. "그것은 도취였다. 그리하여 그 늙어가는 예술가는 여러 생각할 것 없이, 아니 탐욕적으로 그 도취를 기꺼이 받아들였다."(480쪽)

체류한지 4주가 지날 때 쯤 베니스에 이상한 기운이 감돌기 시작한다. 당국에서는 쉬쉬하지만 베니스에 전염병이 돌기 시작한 것이다. 전염병이 점점 더 확산되지만 그는 계속해서 미소년 타지오의 뒤를 쫓아다니면서 그를 관찰한다. 때때로 이 소년이 고개를 돌려서 뒤를 쫓는 아쉔바하의 시선에 대답을 하면 그는 행복감에 몸을 떤다. 어느 날 그는 꿈을 꾼다. "숫염소의 몸에서 나는 역한 냄새, 헐떡이는 육체들이 내뿜는 숨결… 현혹, 모든 것을 마비시키는 정욕이 그를 사로잡았다…. 나무로 만든 거대하고 음탕한 상징물이 제막되어 높이 치켜세워졌다…그의 영혼은 파멸의 음탕과 광분을 맛보았다."(518쪽)

영화 『베니스에서의 죽음』, 화장한 아쉔바하

아쉔바하에게 자신의 노쇠함은 하나의 굴욕이다. 그는 젊어보이도록 양복에 액세서리나 보석을 달고 향수를 뿌린다. "그를 매혹시킨 그 귀여운 소년과 얼굴을 마주칠 때면 그는 자신의 늙어가는 육체가 역겹게 생각되었다." 그리하여 이발소에 가서 얼굴화장을 하고 머리를 염색을 하는 장면은 처절하다. 죽음을 무릅쓰고 자신의 마지막 욕망에 순응하는 상징적인 장면이다.

아쉔바하는 모든 이들이 존경하는 작가이다. 그의 삶은 절제와 규율로 점철되어서 모든 사람들의 본보기이다. 그런 아쉔바하가 어느 날 도저히 참을 수 없는 충동에 사로잡혀 여행을 떠난다. 타지오를 만나면서 그는 이러한 자신의 이 내적 욕구가 의미하는 바를 알게 된다. 이 일탈이 자신이 지금까지 쌓아온 작가로서의 명성 그리고 사회적인 존경심 등등 모든 것을 걸어야만 하는 위험한 행동이라는 것을 그는 안다. 그럼에도 불구하고 그는 이 모험을 중단하지 못하고 결국에는 죽음까지도 감수하게 된다.

토마스 만은 동성연애자였으며, 이러한 사실을 그는 평생 숨기고 살다가 죽었다. 이러한 사실이 일기를 통해서 알려질 것을 우려한 그는 자신의 사후 20년이 지난 후에 일기를 공개할 것을 유언으로 남긴다. 아쉔바하는 작가 자신의 분신이라고 볼 수 있다. 현실에서 그가 이루지 못한 것을 그는 작품을 통해서, 아쉔바하를 통해서 이루고 있다. 이 작품을 쓸 때 토마스 만은 30대 후반이었다. 어쩌면 자신이 아쉔바하처럼 50이 한참 넘은 나이가 되면 마음껏 감각적 도취에 취해서 죽는 것을 꿈꾸었을지도 모를 일이다.

3. 헤밍웨이의 『노인과 바다』(1952)
삶의 현장에의 철저한 몰두를 통한 존재의 확인

헤밍웨이

젊은 시절을 꿈꾸면서 예전의 열정과 모험심을 그대로 갖고 있는 노인의 모습이 문학작품에 많이 등장하지만, 그중에서 가장 대표적인 인물은 바로 헤밍웨이의 『노인과 바다』의 주인공 산티아고이다. 작품에서 산티아고의 나이는 정확하게 묘사되고 있지 않지만 그는 50대 후반쯤의 나이일 것으로 추측된다.[8] 그는 평생 고깃배를 탄 노련한 초로의 어부다. 그런 그가 지난 84일 동안 고기를 한 마리도 잡지 못해서 같이 작업을 하던 소년도 그를 떠난 상태이다. 그래서 그는 지금 혼자서 고깃배를 타고 있다. 85일째인 날 드디어 그는 자신이 타고 있는 배보다도 더 큰 청새치를 낚는다. 사흘 동안의 목숨을 건 줄다리기 끝에 드디어 그는 이 물고기의 숨통을 끊을 수 있었다. 그는 의기양양하게 죽은 이 고기를 배에 묶고 돌아오다가 상어 떼를 만난다. 결국 고기는 상어가 다 먹고 그는 앙상한 뼈만 매달고 항구로 돌아오게 된다.

노인 산티아고가 거대한 고기와 사투를 벌이는 모습은 처절하다. 노인 산티아고에게 고기를 잡는 행위는 단지 돈을 벌기 위한 행위 이상을 의미한다. 그는 물고기를 자신의 '형제'라고 부르기도 하지만, 자신이 그를 죽여야만 한다는 것을 담담하게 받아들인다. 왜냐하면 그는 어부고, 어부가 물고기를 잡는 것은 자연의 순리라고 생각하기 때문이다. 입장이 바뀌어서 그가 물고기가 되고 물고기가 어부가 되더라고 그는 순순히 이러한 자연의 섭리를 받아들일 태세이다.

"노인은 깡마르고 여윈 데다 목덜미에는 주름이 깊게 잡혀 있었

8) 헤밍웨이가 이 작품을 쓸 때의 나이가 쉰두 살이었다. 당시 헤밍웨이는 고혈압과 당뇨 등의 성인병과 우울증이나 알코올중독증에 시달리고 있었다. 본인은 이미 장년을 지나서 노년의 나이에 접어들었다고 여길 때였다. 이러한 점들과 의학이 그다지 발달하지 않았을 50년대인 점을 감안하면 노인으로 칭해지는 산티아고의 나이는 대략 50대 후반 정도로 추측하는 것이 큰 무리는 아닐 것이다.

다."[9] 이 묘사는 그의 육체적인 나이를 암시한다. 하지만 그의 눈은 달랐다. "두 눈을 제외하면 노인의 것은 하나같이 노쇠해 있었다. 오직 두 눈만은 바다와 똑같은 빛깔을 띠었으며 기운차고 지칠 줄 몰랐다."(10쪽) 눈은 정신의 창이다. 자신의 삶의 터전인 바다와 같은 색을 띠는 그의 눈은 여전히 활기차고 투지에 불타고 있다. 내면의 정신적인 의지는 젊은 시절의 그것과 같이 여전하다는 것을 보여주는 대목이다. 이런 정신 때문인지 그의 깡마른 몸에서는 힘이 느껴진다. "비록 나이가 들었어도 그의 어깨에는 아직도 이상하리만큼 힘이 흘러넘쳤다."(19쪽)

그가 젊은 시절의 정신과 투지를 여전히 동경하고 있다는 것을 보여주는 또 다른 대목은 바로 '사자꿈'이다. 작품 내내 산티아고는 사자의 꿈을 꾸는데[10], 이 사자는 그가 젊은 시절 배를 타고 아프리카 해변에서 고기를 잡을 때 해변에 나타나곤 했던 사자들이다. 즉 사자는 그의 젊은 시절을 상징하는 아이콘이다. 그러므로 사자의 꿈을 꾼다는 것은 여전히 그가 그 시절을 부여잡고 있다는 것이다. "노인은 곧 잠이 들었고, 아직 소년이었을 시절에 본 아프리카에 대한 꿈을 꾸었다. 황금빛으로 빛나는 긴 해변과 눈이 부시도록 새하얀 해안선… 그는 매일 밤마다 꿈속에서 이 해안가"(26쪽)를 걷는다. 그의 꿈에는 더 이상 폭풍우나 여자, 심지어는 죽은 아내도 나타나지 않는다. "다만 그는 여러 지역과 해안에 나타나는 사자들 꿈만 꿀 뿐이었다. 사자들은 황혼 속에서 마치 새끼 고양이처럼 뛰어놀았고, 그는… 이 사자들을 사랑했다."(27쪽) 현실 속의 산티아고는 깡말랐으며 눈을 감은 얼굴

9) 헤밍웨이, 『노인과 바다』, 김욱동 옮김, 민음사, 2015, 10쪽.

10) 작품의 마지막 구절도 그가 자면서 사자꿈을 꾸는 장면이다.

에는 그 어떤 생기도 없는 노인이다. 하지만 그의 정신은 이러한 육체적 노쇠함을 받아들이려고 하지 않는다. 그가 늘 꾸는 '사자꿈'은 바로 이러한 그의 내면적 동경과 의지의 산물이다.

산티아고는 물고기 잡는 행위를 단순한 직업적인 행위를 넘어서는, 자연의 순리에 순응하는 행위로 간주하기 때문에 종종 그는 자신이

영화 『노인과 바다』. 산티아고

잡는 물고기들과 감정적인 교류를 하기도 한다. 사람들이 잔인하게 완전히 토막을 낸 뒤에도 몇 시간이나 심장이 멈추지 않는 바다거북이가 그에게는 가엽기만 하다. 심지어 그는 자신의 심장도 같은 일을 당하면 바다거북의 것과 비슷할 것이라 생각하기도 한다. 또한 자신의 낚싯줄에 걸린 청새치가 불쌍하다는 생각이 들자 "도대체 나이를 얼마나 먹은 놈일까" 궁금해 한다. 죽음을 앞둔 물고기의 처지에서 자신의 늙어가는 모습을 연상한 것은 아닐까? 자신이 부여잡고 있는 낚싯줄에 걸려서 점점 죽어가는 청새치를 그가 형제라고 여기는 장면은

숙연하기까지 하다. 그와의 대결에서 이기기 위해서, 즉 그를 죽이기 위해서 참다랑어로 요기를 하면서 그는 자신의 낚싯줄에 걸린 물고기에게도 먹을 것을 주었으면 좋겠다는 생각까지 한다. 이때 그는 이 물고기를 자신과 '형제'라고 생각한다.(60쪽)

그에게 물고기를 잡는 행위는 "인간이 어떤 일을 할 수 있는지, 또 얼마나 참고 견뎌 낼 수 있는지"(67쪽)를 보여주는 행위이다. 그러므로 바다에서의 매 순간은 자신의 인내와 능력을 시험하는 순간이다. 매번 순간순간에 최선을 다해 몰두해야 하는 이유이다. 그러므로 물고기는 더 이상 자신의 포획물이 아니다. 자신의 능력과 인내를 증명하기 위한 동반자가 된다. 그래서 그는 "여보게, 고기 양반, 그래 지금 기분이 어떠신가"(76쪽)라고 말을 건네기도 한다. 낚싯줄에 걸린 이 물고기가 불쌍하게 느껴지자 그는 "저렇게도 당당한 거동, 저런 위엄을 보면 저놈을 먹을 자격이 있는 인간이란 단 한 사람도 없어"라면서 동정심을 보인다. 심지어는 이 물고기가 상어의 습격을 받을 때는 자신이 습격받는 느낌을 갖기도 한다.(104쪽)

영화『노인과 바다』. 산티아고

인간이 이토록 처절하게 '형제'를 죽여야만 하는 이유는 인간의 속성과 관계가 있다고 그는 생각한다. "인간은 패배하도록 창조된 게 아니야… 인간은 파멸당할 수는 있을지 몰라도 패배할 수는 없어." (104쪽) 의지를 가지고 자신을 주장하면서 살아남는 것이 바로 인간 존재의 출발점이라고 그는 여긴다. "네가 그 고기를 죽인 것은 다만 먹고살기 위해서, 또는 식량으로 팔기 위해서만은 아니었어… 자존심 때문에, 그리고 어부이기 때문에 그 녀석을 죽인거야"라고 그는 자신에게 말한다. 누가 누구를 죽이든 그게 무슨 상관이란 말이냐."(94쪽)

산티아고에게 고기를 잡는 행위는 자신의 존재를 확인하는 행위이다. 한 인간으로서의, 그리고 어부로서 자신의 존재의 이유를 찾기 위한 자연스러운 행위이다. 그래서 그는 목숨을 건다. 고기를 잡는 행위는 또한 자신에게 닥쳐 온 육체의 노쇠함에 굴복하지 않았다는 것을 증명하는 행위이기도 하다. 고기를 잡는 행위, 즉 젊은 시절부터 끊임없이 해왔던 육체적인 일을 중단하지 않는 것이야말로 바로 노년의 그에게 삶의 의미를 부여해서 자신의 존재를 확인시켜주는 것이다.

『노인과 바다』는 자신의 육체적 노쇠함에 저항하는 노인의 의지를 예술적으로 승화시킨 작품이다. 죽음을 무릅쓰고 거대한 청새치를 잡는 그의 모습이야말로 바로 노년의 존재확인, 즉 젊은 시절의 힘과 의지가 노년에도 여전하다고 여기면서 자신의 삶에 정당성을 부여하는 행위이다.

4. 박범신의 『은교』(2010)
노년기 욕망의 복권을 통한 존재 확인

영화 『은교』, 적요

주인공 적요는 69살의 시인이다. 그는 젊은 시절 사회주의 운동에 투신해서 혁명의 전사를 꿈꾸었던 인물이다. 정치적인 박해 때문에 30대 10년을 감옥에서 보낸다.[11] 이후 출소하여 40대에서 지금까지 12권의 시집을 내었으며, 필명인 적요가 암시하듯이 그는 적적하고 고요한 삶을 살아가고 있다. "나는 필명이 적요이다. 평생 시 이외의 잡문을 쓴 바도 없고 탤런트처럼 이리저리 얼굴을 내밀지도 않았다."[12] 시 이외의 글을 잡문이라 여기면서 산문을 단 한편도 쓰지 않고 오직 시에만 몰두하는 그의 삶은 모든 이들의 감탄을 부르는 존경의 대상이다.

이런 적요의 삶에 은교라는 17세 소녀가 등장하면서 적요의 삶에는 커다란 변화가 생긴다. 그가 늘 다른 일들에서 보여주는 태도처럼 처음에 그는 그녀를 무심한척 대한다. 하지만 그녀의 존재는 점점 더 그의 삶 속으로 들어오면서 그가 지금껏 만끽하던 평화가 깨진다.

평화가 깨지는 이유는 그때까지 적요가 자신만만하게 믿었던 그의 믿음이 흔들리면서이다. 그때까지 그는 남녀 사이의 소위 '연애감정'

11) 한국 사회에서 젊은 시절의 '정치적인 행위'로 인해서 감옥 생활을 겪었다는 것은 그의 삶이 도덕적으로 정당하다는 것을 에둘러 암시하는 것이다.

12) 박범신, 『은교』, 문학동네, 2015, 67쪽.

영화 『은교』. 적요와 은교

이란 영혼의 교류라고 믿고 있었으며, 사실 그때까지 그가 겪은 몇 번의 여자와의 관계에서도 그의 이러한 믿음이 깨진 적이 없었다. 하지만 이번에는 달랐다. "나는 은교를 만나기 전까지, 참된 연애란 남녀 불문하고 영혼으로 시작된다고 믿었다. 감각은 하나의 부수적인 것에 불과했다. 그러나 나는 은교를 통해 내가 생각했던 것이 얼마나 실체 없는 관념이었는지 명백히 알게 되었다."(202쪽) 그의 몸은 감각적으로 반응했다. 무엇 때문에 그가 그녀를 좋아하게 되었는지 그는 자신에게 묻는다. 대답은 그녀의 몸이었다. 제일 먼저 그녀의 손, 팔목, 손등 위의 맥박, 가슴의 힘찬 움직임, 그리고 휘어져 비상하는 허리가 바로 그 원인이었다. 그것들은 자신이 평생 갈망했으나 이루지 못했던 로망이었으며, 이 순간 그에게 그녀는 '소녀'에서 '처녀'로 바뀐다.(93쪽)

사실 적우가 은교를 만나는 순간부터 그의 음험한 본능이 역할을 한 것은 사실이다. 하지만 그때가지 이 본능은 '잠복된 것'이었다. "잠복은 평화이다."(59쪽) 즉 그는 자신의 위험한 이 감각을 숨기면서 평화를 유지할 수 있을 것이라 믿었다. 하지만 이 평화는 깨진다. 자신의 열등한 제자 서지우와 은교가 보통의 관계가 아니라는 것을 알면서 그는 질투하기 시작한다. 그가 보기에 서지우는 모든 면에서 자신보다 못난 인간이다. 그런 그가 어떻게 감히 '나의 은교'와 그런 관계를 맺을 수 있단 말인가? 그가 자신보다 나은 점이 있다면 그것은 오직 그의 젊음뿐이었다. 젊은 몸뿐이었다. "고백하거니와, 나는 노화나 죽음의 극복에 대해 말하는 어떤 관념적 논리에도 순종하지 않았다."(280쪽) 노화와 죽음을 그는 무자비하고도 절대적인 법칙으로 여겼다. 하지만 그녀를 만나면서 그는 젊음을 꿈꾼다. "은교를 만나면서 나는 보다 젊어지고 싶었다. 그게 죄인가."(281쪽)

적요의 결정적인 파국도 역시 그의 육체적 노쇠함과 관계가 있다. 그는 은교와 사귄다고 주장하는 젊은이에게 봉변을 당하는데, 그때 들은 말이 손녀와 같은 어린 소녀를 탐하는 추한 늙은이라는 말이었다. "당신 썩은 관처럼 보여"(207쪽)라는 결정적인 말을 듣는다. 그리고 이 봉변이 서지우가 사주해서 생긴 일이라는 것을 아는 순간 그는 서지우를 죽이기로 마음먹는다.

늙는 것이 용서할 수 없는 범죄가 아니고, 또한 노인은 '기형'도 아니라고 그는 주장한다. 당연히 노인의 욕망도 범죄도 아니고 기형도 아니라고. "노인은, 그냥 자연일 뿐이다. 젊은 너희가 가진 아름다움이 자연이듯이. 너희의 젊음이 너희의 노력에 의하여 얻어진 것이 아닌 것처럼, 노인의 주름도 노인의 과오에 의해 얻은 것이 아니다."(250-251쪽) 하지만 그가 정말 이렇게 생각할까?

언젠가 적요는 큰 거울 앞에 서서 옷을 모두 벗고 자신의 몸을 살펴본다. 젊은 시절의 팽팽한 근육은 다 사라지고 남은 것은 모두 쭈글쭈

굴하고 검버섯이 군데군데 보이는 늘어진 몸뿐이었다. 그 조차도 이 사실을 받아들이지 못한다. “거울 속에 들어서 있는 남자는 내가 아니었다.”(102쪽) 몸의 노쇠함이 범죄는 아니지만 적어도 추한 것, 혹은 기형적인 것은 사실이라고 그는 생각한다. 이것은 편치 않은 진실이었다. 그에게 이런 진실을 각인시켜 준 서지우를 그는 더욱 더 증오하게 된다.

노년에 찾아온 사랑은 적요를 파멸로 이끈다. 제자를 살인하고 죄책감에 시달리며 거의 자살과도 같은 죽음을 맞이했으니 완벽한 파멸이다. 노년의 삶에 활력을 불어넣고 의미를 부여해주었던 사랑이 역설적으로 종국에는 그의 삶을 파괴하고 말았다. 이 노년의 사랑을 적요는 죽으면서 후회하지 않았을까? 그가 마지막 남긴 노트에 의하면 그는 결코 이 사랑을 후회하지 않는다. 50년이 넘는 나이 차이 때문에 사람들이 이 사랑을 변태적이라고 하는 것도 그는 알고 있다. “그러나 나의 생각은 좀 다르다. 사랑의 발화와 성장, 소멸은 생물학적 나이와 관계가 없다… 사랑은 사회적 그릇이나 시간의 눈금 안에 갇히지 않는다. 그렇지 않은가. 그것은 본래 미친 감정이다.”(12쪽) 이것이 그의 노년의 사랑에 대한 마지막 결론이다. “아 나는 한은교를 사랑했다.”(12쪽) 노년의 삶에 대한 그의 행복한 긍정의 외침이다.

5. 나가는 글

적요와 아쉔바하는 여러 면에서 공통점이 있다. 우선 두 인물 모두 예술가이다. 그들의 삶의 방식이나 문학을 대하는 태도도 매우 유사하다. 특히 그들이 젊은 사람에게, 그것도 아주 젊은 10대의 인물들에게 사랑에 빠져서 결국에는 그들의 삶이 비극적으로 끝난다는 점도 공통점이다. 하지만 노년에 찾아온 사랑을 대하는 그들의 태도는 구분된다.

아쉔바하의 태도는 적요의 그것보다 훨씬 적극적이다. 아쉔바하가 능동적으로 찾아갔다면 적요는 가만히 앉아서 다가오는 것을 받아들였을 뿐이다. 특히 아쉔바하가 젊음을 회복하기 위해서 화장을 하는 장면은 그의 적극적인 태도를 대변한다. 작품의 초기에 그가 화장을 한 어떤 노인을 경멸하듯이 바라본 것과 비교하면 큰 변화이다. 반면에 적요의 태도는 늘 방어적이다. 그가 은교를 데리고 드라이브하고 까페에 다니는 것도 사실은 그가 제자 서지우의 배신에 분노를 느끼면서 생긴 감정, 즉 그를 이기고자 하는 오기에서 생긴 행동이다. 아쉔바하의 죽음이 편안한 죽음이라면 적요의 죽음은 웬지 비장한 죽음이다.

아쉔바하와 적요가 자신들의 감각이 요구하는 바를 솔직하게 긍정하고 행동하면서 노년의 삶에 의미를 부여하고 있다면 산티아고는 자신의 몸이 기억하는 것에 충실하면서 노년의 삶을 아름답게 만든다. 아쉔바하와 적요가 파격이라면 산티아고는 모범이고 전형이다. 아쉔바하와 적요는 죽어가지만 스스로 선택한 죽음이다. 편안하게 잠이 들어 사자꿈을 꾸는 산티아고는 달콤한 휴식을 취하는 상태이다. 세 사람 모두 불행하지 않다.

부록편

ISSUE PAPER 2016 - 19

과학기술혁신을 통한 고령사회 대응정책 방향

— 일본 사례를 중심으로

정의진 · 오현환

포스트휴먼시대의 노년

과학기술혁신을 통한 고령사회 대응정책 방향
— 일본 사례를 중심으로

Ⅰ. 논의배경

■ 우리나라는 현재 고령화사회*로, 2027년 경에 초고령사회에 진입할 것으로 예상되어, 이에 대한 국가 차원의 대응방안 마련이 필요

* 65세 이상 인구 비율이 총인구의 7%를 넘은 사회를 고령화사회, 14%를 넘은 사회를 고령사회, 21%를 넘어서면 초고령사회라고 함

— 고령화는 생산 가능 인구가 감소하고 노인부양률*이 높아져 사회 · 경제적 비용이 증가

* 노인부양률 : 경제활동인구(20-64) 대비 65세 이상의 노인 비율

— 우리나라는 고령화사회에서 초고령사회로 진입하기까지 27년이 소요되어, 매우 급격하게 고령화가 진행되므로 이에 대한 전략적인 대응이 필요

* 본 원고는 2016년도 12월에 KISTEP에서 발간한 이슈페이퍼(19)에 수록된 내용으로 저자의 동의를 받았습니다.

〈표 1〉 국가별 고령화·초고령사회 진입 예상연도

국가	진입년도			소요년수	
	고령화 사회(7%)	고령 사회(14%)	초고령 사회(21%)	고령사회 진입	초고령 사회진입
일본	1970	1995	2007	25	12
이탈리아	1927	1988	2012	61	24
스웨덴	1890	1975	2015	85	40
헝가리	1941	1994	2021	53	27
프랑스	1865	1980	2022	115	42
폴란드	1966	2011	2024	45	13
한국	2000	2018	2027	18	9
스페인	1947	1992	2028	45	36
영국	1930	1975	2030	45	55
미국	1944	2013	2033	69	20
중국	2001	2024	2035	23	11
오스트리아	1938	2011	2037	73	26
브라질	2012	2033	2050	21	17

※ An aging world 2015 (미국 인구조사국, 2013), knoema.com

- 한편, 고령화는 생산성 감소, 복지수요 증가라는 경제적 관점뿐만 아니라, 고령자의 삶의 질을 향상시키면서 사회의 지속가능한 발전 시스템을 만들기 위한 노력도 병행 필요
  - — OECD 삶의 만족도 조사에서 우리나라는 28위를 차지하였으며 소득, 커뮤니티, 환경(수질·공기) 등 삶의 질 부분에서 상대적으로 낮은 것으로 평가
  - — 스웨덴, 노르웨이 등 행복 지수가 높은 국가는 환경, 일과 생활의 균형 등이 삶의 만족도에 중요한 영향을 끼치는 것으로 조사

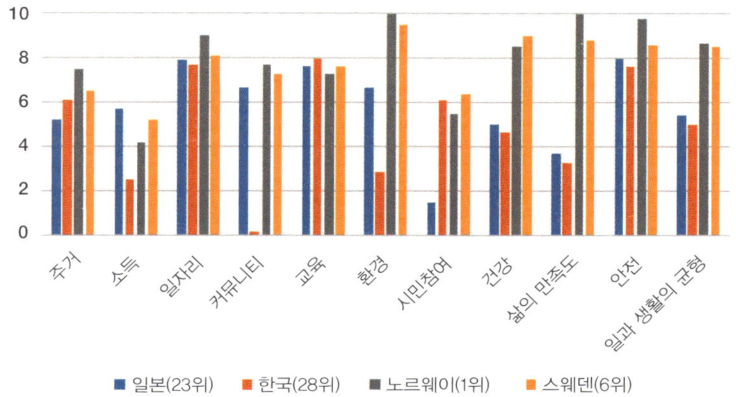

※ 출처: OECD Better life index 2016(http://www.oecdbetterlifeindex.org/#/11111111111)

[그림 1] OECD 삶의 만족도 조사

- 고령화에 대한 대응 전략으로 주요국은 주로 '활기찬 고령사회 구축'을 목표로 각종정책을 시행

— 유럽은 활기찬 고령사회(Active ageing)를 위해 모니터링 지표를 개발하고 나이와 관련된 고정관념, 차별을 철폐하기 위한 다양한 활동을 전개

— 미국은 2015년 백악관 고령화 컨퍼런스(White House Conference on Aging:WHCoA)를 개최하고 건강한 고령화(Healthy Aging)를 위한 정책을 추진

※ 건강 증진과 치매, 질병 극복뿐만 아니라 건강한 고령화를 위해 커뮤니티와 시민참여를 활성화시키는 방안도 포함

— 일본은 고령자를 부양세대로 인식하는 것이 아니라 고령자의 건강관리에 집중하며 건강한 고령자가 생산 활동에 지속적으

로 참여할 수 있도록 제도를 시행

- 특히, 일본은 가장 먼저 초고령사회로 진입한 점을 과학기술을 적극 활용하여 지속 가능한 사회시스템 구축과 실버산업을 새로운 성장동력으로 전환시키기 위해 적극적으로 대응 중
  - AI기술 · 로봇 등을 활용하여 제조업 및 서비스 분야의 노동인력 대체, 고령자의 생활 보조, 간호 등 추진
  - 제5기 과학기술기본계획('16~'20)에서는 「초스마트 사회」라는 미래상을 설정하고 이를 위해 ICT 기반 구축에 집중
- 이에 본 이슈페이퍼는 초고령사회에 진입한 지 10년이 되는 일본의 과학기술을 활용한 대응방안을 분석하여 우리나라의 과학기술혁신을 통한 고령사회 대응 방안 관련 시사점을 제시하고자 함

Ⅱ. 우리나라의 고령화 실태 및 대응 정책 현황

1. 고령화 실태

- 65세 이상 고령인구 비율의 증가, 1인 가구 등 가족구조의 변화 등 사회·경제적 비용이 크게 증가할 것으로 예상
  - 생산 활동 가능인구(15~64세)는 2016년을 정점으로 감소하고 있고, 낮은 출산율로 고령화가 빠르게 진행하여 2060년에는 노인부양율이 급격하게 높아짐

    ※ 2015년 우리나라의 노인부양률은 20명으로 OECD 국가 평균(28명)보다 낮으나

2060년에는 일본과 동일한 수준인 79명으로 OECD 평균(57명)을 크게 초과

— 가족구조 변화로 독거노인이 증가하고 있으며 특히, 독거노인은 외로움, 대화 부족으로 인한 정신적 스트레스가 높고 건강관리도 미흡

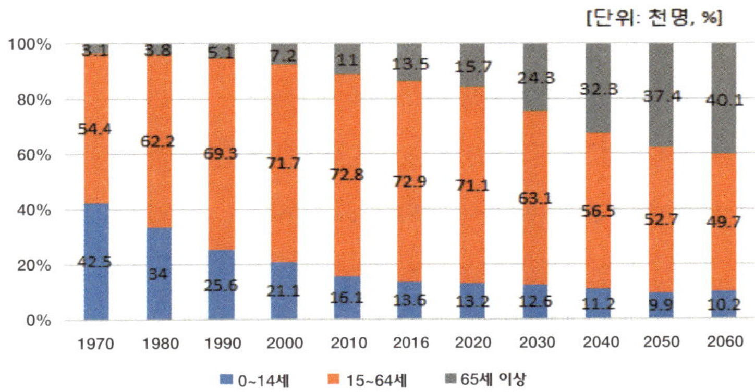

※ 출처: 통계청「장래인구추계」2010-2060

[그림 2] 우리나라의 인구구조 변화

■ 질병으로 인한 사회·경제적 총비용은 2012년 120조 6,532억 원으로 이는 GDP 대비 8.8%에 해당[1]

— 2015년, 고령인구비율은 인구의 12.3%에 불과하지만 진료비 지출은 전체의 37.8%를 차지

※ 치매로 인한 사회적 비용은 2013년 11.7조원으로 GDP의 1%에 해당하며 2050년에는 1.5%에 이를 것으로 전망

1) 국민건강보험 보도자료(2015.2.9.)

〈표 2〉 연도별 진료비 현황

구 분		2011년	2012년	2013년	2014년	2015년
적용인구 (천명)	전 체	49,299	49,662	49,990	50,316	50,490
	65세 이상 (비율, %)	5,184 (10.5)	5,468 (11.0)	5,740 (11.5)	6,005 (11.9)	6,223 (12.3)
진료비 (억원)	전 체	462,379	478,392	509,552	543,170	579,593
	65세 이상 (비율, %)	153,893 (33.3)	164,494 (34.4)	180,568 (35.4)	198,601 (36.6)	219,210 (37.8)
1인당 월평균 진료비 (원)	전 체	78,424	80,545	85,216	90,248	95,767
	65세 이상	247,366	256,308	267,796	281,325	297,368

※ 출처: 2015 건강보험 주요통계(국민건강보험공단, '16.2)

- 사회·경제적 비용은 증가하고 있는데 은퇴한 고령자는 생활비가 부족하고 은퇴 이후의 노후 준비도 미흡
  - 베이비붐 세대가(1955~63년) 2010년경부터 은퇴가 시작되고, 2020년을 시작으로 고령층에 진입하는데 노후대비가 충분하다는 응답은 6.1%에 불과(한국은행, '16.12)
  - 고령자는 가족에 의지하지 않고 스스로 생활해야 한다는 의식이 증가하는 반면, 가족이 돌봐야한다는 생각은 감소

    ※ 부모 스스로 해결해야 한다는 의견 : 16.5%('08)→23.8%('14), 가족이 돌봐야한다는 의견 : 48.1%('08) → 34.1%('14) (고령자통계, 2016)
  - 실제로도 본인이나 배우자가 생활비를 직접 마련하는 경우가 58.5%로 가장 많으며 그 외 자녀 또는 친척지원이 28.6%, 정부 및 사회단체가 12.8%를 차지
  - 현재 은퇴한 가구의 63.0%는 생활비가 부족하다고 대답하였으며 생활비 문제로 일을 지속하기를 원함

〈표 3〉 연령별 가구소득

항목별	전체 연령	60세 이상
가구원수(명)	3.17	2.47
가구주연령(세)	50.59	68.80
가구 분포(%)	100.00	24.15
월별 소득(만원)	437	300
전체가구 대비 소득(%)	100.0	68.7
구성원 1인당 소득(만원)	138	122

※ 출처: 가계동향조사, http://kosis.kr/statHtml/statHtml. do?orgId=101&tblId=DT_1L9H020# (통계청, 2015)

■ 인터넷 이용, 스마트 기기 보유 등 디지털 기술·기기 활용은 고령자 10명 중 3명 미만으로 젊은 세대 간 정보격차가 심화되고 기술 기반 사회의 적응 또한 우려되는 상황

— 고령자의 27.5%가 인터넷을 이용, 25.3%가 스마트 기기를 보유

※ 인터넷 이용 전체 평균 : 94.1%, 스마트 기기 보유 전체 평균: 91.8% (인터넷이용실태조사, 2015)

2. 고령화 대응 정책

■ 고령사회에 대비하기 위해 2005년 5월, 「저출산·고령사회기본법」을 제정하고 같은 해 9월, '저출산·고령사회위원회'를 설치

— 저출산·고령사회위원회의 위원장은 대통령이며 14명의 정부위원*이 위원으로 활동하며 결혼·출산 지원, 인구 경쟁력, 삶의 질 보장, 지속발전, 총괄 등 5개 분과로 구성

* 보건복지부·기획재정부·교육부·법무부·국방부·행정자치부·문화체육관광부·농림축

산식품부·산업통상자원부·고용노동부·여성가족부·국토교통부 장관, 국무조정실장, 금융위원회 위원장

— 중장기 인구구조, 사회경제 변화를 분석하여 저출산·고령사회의 중장기 정책목표를 세우고 추진

■ 2006년부터 제1차 '저출산·고령사회 기본계획'을 수립, 현재 제3차 계획을 시행 중이나, 과학기술을 활용한 대응 방안은 미미

— 제1차, 2차 기본계획은 출산·양육 촉진, 고령자의 생활수준 향상, 고령 친화산업육성 등에 초점이 맞춰져있으며, 3차 기본계획은 출산율 향상과 노인빈곤율 개선을 목표로 8개의 추진과제를 제시

〈표 4〉 저출산·고령화기본계획 주요 내용

	1차 (2006-2010)	2차 (2011-2015)	3차 (2016-2020)
비전	모든 세대가 함께 하는 지속발전 가능 사회	저출산·고령사회 성공적 대응으로 활력 있는 선진국가로 도약	모든 세대가 함께 행복한 지속발전사회 구현
목표	출산율 회복 및 저출산·고령사회의 대응기반 구축	출산율 회복 및 저출산·고령사회 대응체계 확립	합계출산율 2020년 1.5명, 노인빈곤율 2020년 39%
추진과제	• 출산과 양육에 유리한 환경조성 • 고령사회 삶의 질 향상 기반 구축 • 미래성장동력 확보	• 출산과 양육에 유리한 환경조성 • 고령사회 삶의 질 향상 기반 구축 • 성장동력 확보 및 분야별 제도 개선	• 청년 일자리·주거대책 강화 • 출생에 대한 사회책임 실현 • 맞춤형 돌봄 확대·교육 개혁 • 일·가정양립 사각지대 해소 • 노후 소득보장 강화 • 활기차고 안전한 노후 실현 실현 • 여성, 중·고령자, 외국인력 활용 확대 • 고령친화경제로 도약

- 제3차 기본계획에서 원격의료, 스마트헬스케어 등 IT 기술을 활용한 고령화 대책이 추진 중이나, 적용 기술분야가 제한적

  - 제1차 기본계획은 고령친화산업 기술개발 촉진, 국립노화종합연구소 설립 추진 등이 제시되었고, 당시 과학기술 전담부처인 과기부의 과제는 '과학기술분야 여성 진출확대'가 유일
  - 제2차 기본계획은 고령친화제품·서비스 표준화, 노화종합연구소 재추진 등과 함께 교육과학기술부 소관 과제로 과학·연구 분야 퇴직인력 활용, 취업상담, 고령자 자원봉사 활동 등을 추진
  - 제3차 기본계획은 원격의료서비스, 스마트 헬스케어 비즈니스 등 ICT 기술 활용을 활용한 원격의료서비스 제도화, 스마트 헬스케어 비즈니스 모델 발굴 및 기업 지원 체계 구축, ICT 힐링 서비스 플랫폼 개발, 데일리 헬스케어 실증단지 조성 등 신성장 동력육성을 목표로 제시

- 한편, 과학기술 최상위 계획인 제3차 과학기술기본계획('13~'17)은 '건강장수 시대 구현과 삶의 질 향상'을 위해 세부 과제 및 국가 전략 기술을 선정

  - 건강장시 시대 구현과 삶의 질 향상을 위해 난치성 질병극복, 환자맞춤형 의료서비스 실현, 저출산·고령화 대응 강화 등 3개 세부과제를 추진하고, 21개 기술을 중점 육성 기술로 선정하여 집중 투자
    - 21개 국가 중점 과학기술 중에서 저출산·고령화 대응을 위한 기술은 6개이며 2017년까지 기술수준 향상이 목표

〈표 5〉 제3차 과학기술기본계획의 저출산·고령화 관련 중점 육성기술

과제	기술명	주관부처
저출산·고령화 대응 강화	생활 및 이동 지원기기기술	복지부, 미래부, 산업부, 식약처
	신체기능 복원기기기술	
	재활치료기술	
	모바일 원격진료기술	
	건강관리서비스기술	
	불임 난임 극복기술	

- 한편, 각 부처는 바이오헬스, 정밀의료 등을 정보통신 기술과 보건의료 기술을 융합하여 미래 신산업을 창출하기 위한 정책을 추진 중
  - — 미래부는 「바이오헬스 미래 신산업 육성전략」을 수립('15.10.)하여 의료기기, 헬스케어기기 개발을 추진하고, 바이오헬스 산업 육성을 위해 민·관 협의체를 구성(2016년)
  - — 복지부는 정밀의료를 통한 개인 맞춤의료를 실현하고 미래 신성장동력 확보를 위한 국가전략 프로젝트를 추진('16.8.)
  - — 산업통상자원부는 「헬스케어 신시장 창출전략(2013)」을 발표하고 ICT를 활용한 U-헬스 기술개발, 신산업육성, 글로벌 신시장 진출 등을 추진
- 고령화 대응 기술의 중요한 축인 지능형 로봇연구는 2002년부터 정부지원의 규모가 커지고 체계화되었으며 2008년 「지능형로봇 개발 및 보급 촉진법」 제정, 2009년 '제1차 지능형로봇 기본계획'에 이어 2014년 제2차 기본계획을 추진 중
  - — 제2차 지능형로봇기본계획은 고령화, 1인 가구 증가 등에 대비하여 1인 1로봇 시대 기반 조성, 로봇헬스타운 조성, 의료·재활

분야 로봇 비즈니스 전략을 수립

- 이 외에도 ICT R&D 중장기전략('13~'17)을 수립하여 차세대 스마트 워크 서비스, ICT 힐링 플랫폼 서비스 구현 등을 목표로 세부과제를 추진 중

3. 우리나라의 고령화 대응 과학기술 수준

- 고령화 대응 관련 기술의 기술수준은 기술선진국 대비 70% 수준
  - 모바일 원격진료 기술을 제외한 5개 국가 중점 과학기술은 모두 추격그룹에 속함

〈표 6〉 주요 고령화 대응기술의 기술수준

국가전략기술	기술수준	
	2012년	2014년
생활 및 이동 지원기기기술	75.0	70.6
신체기능 복원기기기술	73.8	72.4
재활치료기술	67.7	77.0
모바일 원격진료기술	88.6	86.3
건강관리서비스기술	79.2	79.4

* 선도그룹: 기술수준이 80% 초과, 추격그룹: 기술수준이 60%~80% 이하

※ 출처: 2015년 기술수준평가 (김용희 외, 2015)

- 원격의료 관련 기술은 의료기관, 군부대, 원양선박 등을 대상으로 시범사업*을 추진 중

  * 장성군 의사와 의사 간 원격의료 시범사업 추진('16.10)

— '02년 의료법에 원격의료 규정을 신설하고 의료인 간 기술지원 형태로 진행되고 있지만 의료인-환자 간 원격진료는 완전히 시행되지 않고 있음

- IoT와 빅데이터 기술을 접목한 스마트 헬스케어가 유망산업으로 조명 받고 있으며 웨어러블 디바이스 기반의 건강관리 시스템이 이미 실현 중

— 웨어러블 디바이스를 통해 사용자의 걸음 수, 움직인 거리, 칼로리 소모량, 수면 패턴, 심박수 등을 측정

- 재활로봇은 출연연과 민간연구소에서 현재 연구개발이 진행 중에 있지만 국내에서 사용되는 로봇은 현재 대다수가 해외제품

— 한국기계연구원에서 맞춤형 재활치료 로봇(뉴렉스)를 개발

— 현대중공업은 서울아산병원과 공동으로 재활치료 로봇 모닝워크를 개발하여 2016년 3월부터 임상시험에 돌입하였고 PNS미캐닉스도 보행재활 로봇을 개발(Walkbot)

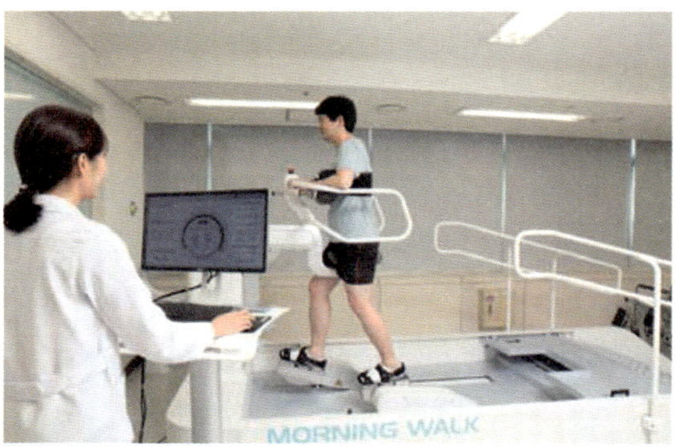

[그림 3] 재활치료 로봇 모닝워크(현대중공업)

Ⅲ. 과학기술을 이용한 일본의 초고령사회 대응

1. 현황

- 일본은 1970년에 고령화사회, 1994년에 고령사회, 2007년 초고령화 사회로 진입했으며 2015년 고령인구의 비율이 26.7%에 달함
  - ― 저출산이 지속되면서 인구는 2008년을 기점으로 감소하고 있으며, 2060년경에는 고령인구가 전체의 40%에 달할 것으로 예상

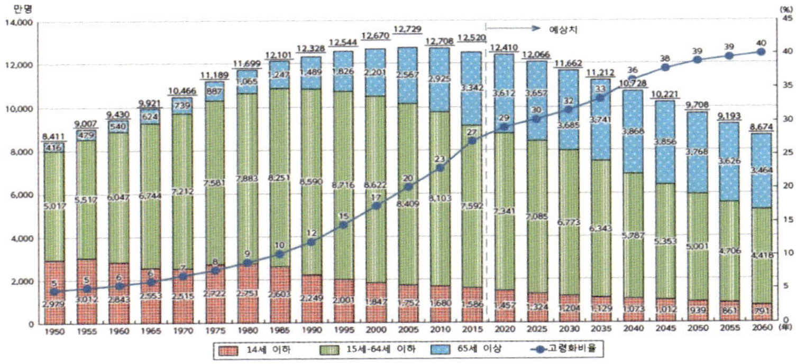

※ 출처: 정보통신백서(2016)

[그림 4] 일본의 인구추이(1950~2060)

- 내각부가 실시한 고령자 인식조사(2014)에 따르면, 59.5%가 생활비 걱정이 없다고 응답하였으며 30.2%가 다소 걱정, 10.2%가 매우 걱정하는 것으로 응답

— 은퇴 이전에 노후 준비를 통해 가족이나 공공 지원에 의지하지 않는 것이 바람직하다는 대답이 45.7%, 사회보장 등 공공지원을 통해 해결해야한다는 응답이 44.9%를 차지

— 고령자의 소득은 한 달 기준 약 16.1 만 엔으로 전 세대 평균 17.1 만 엔과 차이가 크지 않고, 공공연금이 차지하는 비율은 67.6%에 달함

〈표 7〉 세대별 소득

구 분	전 세대	고령자세대
월별 소득 (만 엔)	44.1	25.0
세대별 구성원수	2.58	1.56
구성원 1인당 소득 (만 엔)	17.1	16.1

※ 출처: 국민생활기초조사, 후생노동성(2014)

■ 고령화 비율이 높아짐에 따라 국민의료비 증가, 간호·간병 등의 문제에 대한 대응 필요성 증가

— 1인당 국민의료비는 2015년 32만 1,100엔으로 국민소득(NI) 대비 11.2%를 차지하고, 이중에서 65세 미만은 17만 9,600엔, 65세 이상은 72만 4,400엔으로 연령별 차이가 매우 큼

— 2013년, 고령자의 61.6%는 동거하고 있는 가족이 간호를 하고 있으며, 사업자에게 위탁하는 경우는 14.8%, 불분명한 경우가 13%를 차지

— 60세 이상의 고령자 중 25.9%는 가족 이외에 상담이나 도움을 요청할 친한 친구가 1명도 없음

- 일본 특유의 '다테마에 문화*'로 인해 새로운 사람을 쉽게 사귀기가 어려울 뿐만 아니라 친구를 사귈 기회 또한 타 국가에 비해 적음

* 겉으로 드러내는 것과 속마음이 다름

- 고령화비율이 높아질수록 생산활동은 감소할 것이라는 우려와 다르게 건강하고 활동적인 고령자(Activity Senior) 또한 증가 추세
  - 고령자의 체력테스트 점수, 보행속도가 1998년부터 2013년까지 15년간 지속적으로 상승(문부과학성, 체력·운동능력 조사결과, 2014)
  - 2030년이 되어도 80% 이상의 고령자는 건강한 상태로 특별히 간호가 필요 없는 거라고 예측 (미즈호, 일본의 중기전략, 2012)
  - 고령자 의식조사에서 약 60%가 65세 이후에도 일할 수 있다고 응답하였으며 그 중 32.4%는 정년 없이 일할 수 있다고 응답 (내각부, 고령자 건강의식조사, 2012)
- 업무연령에 제한이 없어지고, 고령자의 지식·경험이 새로운 동력이 되는 등 고령자의 업무에 대한 개념이 바뀌고 있음
  - 인터넷 환경이 발달하면서 업무연령 제한이 없어지고 정년에 대한 개념도 점차 변화

사례1) 소규모로 제품을 생산하는 70대 기업가

- 최근에는 부품별로 나누어 생산하기 때문에 하나의 완전한 물건을 처음부터 끝까지 제작 가능한 점에서 오히려 경쟁력 있음
- 작은 원룸에서 작업 가능하며 최근에는 3D프린터 등 최신 기술도 활용

사례2) 클라우드 작업

- 연령이나 직함에 관계없이 개인의 기술로만 인터넷을 통해 개인사업자를 연결하는 클라우드 시스템을 구축하였으며 최고령 등록자는 85세
- 60세에 IT회사를 퇴직한 고령자는 독학으로 앱 제작방법을 배워 프리랜서로 왕성하게 활동 중에 있음

— 고령자의 지식·경험을 젊은 세대에게 전수하며 세대간 교류 및 새로운 기회를 창출

사례3) 시니어의 경험을 활용하여 젊은이와 협업

- 시니어는 매뉴얼화가 불가능한 작업에 강하기 때문에 시니어의 경험과 지혜를 20-40대의 열정과 융합하여 가치 창출(마에가와제작소, 前川製作所)
- 컨설턴트 업체에서 청년벤처가 등에게 시니어의 경험을 젊은이에게 전수해주는 프로젝트 발주

사례4) 시니어의 공부방

- 동경대와 치바현 협력사업으로 동네 공부방을 창설, 엔지니어 퇴직자가 레고 로봇제작 강의 등 아이들이 자연스럽게 STEM가 가까워질 수 있도록 프로그램 운용
- 프로그램 강사료는 1회 5천 엔 정도이며 수강생은 월 수천 엔의 수강료를 지불

■ 고령자의 기술 활용 조사에 따르면 전자 메일이나 인터넷 검색은 고령자의 50% 이상이 사용한 적이 있고 SNS나 인터넷·영상전화 등의 사용 경험이 있는 고령자는 10% 미만

— ICT를 통한 원격 돌봄·생활 지원, 태블릿 PC를 이용하여 고령자 간의 커뮤니케이션 등을 본격적으로 추진

2. 초고령사회 대응을 위한 주요 정책

- 1995년 공정하고 활력 있는 사회, 지역사회의 자립과 연대, 풍요로운 사회 구축을 기본이념으로 하는「고령화사회 대책기본법」을 수립

— 총리를 위원장으로 하는 '고령사회 대책회의'를 설치하고, 재무성, 총무성, 문부과학성, 후생노동성, 경제산업성 대신, 내각특명 대신 등을 위원으로 임명하고 행정기관 간의 상호 조정, 대책과 관련한 중요사항 등을 심의

- 1996년 최초의 '고령사회대책 대강령(高齢社会対策大綱)'을 마련, 2001년, 2012년에 고령사회대책 대강령을 개정

— 의욕과 능력이 있는 고령자는 사회에서 활약하게 하고, 도움이 필요한 고령자는 존중받는 삶이 가능하도록 지원하는 사회를 목적으로 6개 기본방향을 세움

① 고령자는 '도움이 필요한 사람'에서 '능력 있는 고령자는 다른 고령자에게 도움을 줄 수 있는 사람'으로 의식 전환

② 안심할 수 있는 사회보장제도 확립

③ 고령자의 의욕과 능력 활용

④ 지역커뮤니티 구축을 통한 의료·간병 체제 구축

⑤ 안전·안심할 수 있는 생활환경 실현

⑥ 젊은 시기부터「인생 90년 시대」준비

— '고령사회대책 대강령'은 취업·연금, 건강·복지, 학습·사회참가, 생활환경, 조사연구 등 5개 분야로 나누어 기본정책을 제시

〈표 8〉 고령사회대책 대강령의 정책분야별 세부내용

구분	세부내용
취업 · 연금	• 전원 참가형 사회 실현을 위한 고령자 채용·취업대책 추진 • 근로자의 생애를 통한 능력 발휘 • 공적 연금제도의 안정적 운영 • 자동 노력에 의한 고령기의 소득확보 지원
건강 · 복지	• 건강관리를 위한 종합 추진 • 간병보험제도 실시 • 충실한 강병서비스 • 고령자 의료제도 개혁 • 주민을 중심으로 한 지역연계 추진 학습·사회참가 • 사회참가 활동 촉진 • 학습활동 촉진
생활환경	• 풍요롭고 안정적인 생활 확보 • 고령자를 배려한 종합적 추진 • 교통안전 확보, 범죄·재해로부터 보호 • 쾌적하고 활력 있는 생활환경 형성
시장 활성화	• 고령자 시장 개척 및 활성화 • 초고령화 사회에 대응하기 위한 조사연구 추진 및 기반정비
기반구축	• 전세대가 참여하는 초고령사회에 대응하기 위한 기반구축

— 2015년 고령사회 대책 관계 예산 약 20조 엔 중, 취업·연금 부분이 57.7%, 건강·간병·의료 부분은 42.2%로 대부분을 차지

• 필요한 간병 서비스 확보, 간병서비스 질 향상, 지역의 포괄적인 재택의료·간병 서비스를 제공

〈표 9〉 고령사회대책 관계예산(내각부)

(단위: 억 원)

구분		취업 · 연금	건강 · 간병 · 의료	학습 · 사회참가	생활 환경	시장 활성화와 조사연구	기반 구축	합계
2015년	금액	115,807	84,647	110	19	84	124	200,790
	비중	57.7	42.2	0.1	0.0	0.0	0.1	100.0

— 또한, '15.4월 의료분야 전담기구인 '일본의료연구개발기구(AMED)'를 설립하고 건강하고 장수하는 사회를 위한 건강의료 전략을 수립, 연구개발을 체계적으로 추진

■ 제5기 과학기술기본계획('16~'20)은 ICT를 최대한 활용하여 사이버 공간과 현실세계를 융합하여 풍요로움을 가져다주는 「초스마트 사회」를 미래 사회상으로 정하고, 저출산·초고령화 사회에 대응하고 지속가능한 사회를 만들기 위한 3가지 전략을 제시

※ 초스마트사회(Society 5.0) : 필요한 것과 서비스를 필요한 사람에게 필요할 때 필요한 만큼 제공하고, 사회의 다양한 니즈에 촘촘히 대응하여 모든 사람이 질 높은 서비스를 제공받으며, 연령·성별·지역·언어의 차이를 초월하여 활력 있고 쾌적하게 살아갈 수 있는 사회

— 세계최첨단 의료기술로 산업경쟁력을 향상하고 경제성장에 기여

• 신약·의료기기의 국산화와 재생의료·게놈 의료 등 세계 최첨단 의료기술 개발, 암·치매·정신질환·감염병과 난치병 극복을 위한 연구개발, 해외 유입 감염병 등 글로벌문제에 적극적으로 대응

• 외국과 국제연구를 통한 감염병 대응, 의료·건강 기록의 전자화·표준화를 위한 ICT 기반 구축, 건강정보 수집 등 빅데이터 구축, 지역 의료 모니터링 체계, 예방·의료·돌봄·생활환경 서비스 제공

— 지속가능한 도시 및 지역 사회 기반 구축을 통한 원활한 일상생활 지원

• 젊은이 및 육아·간병세대, 고령자 등 전 세대의 국민이 전 지역에서 활기찬 삶이 가능하도록 ICT기술을 활용하여 교통 시스템 구축, 지역 포괄적인 라이프 케어 기반 시스템 구축 등을 추진

— 한정된 재원과 인재를 활용하는 효율적·효과적인 인프라 대책 마련

- 사회·경제활동을 지원하기 위해 ICT나 로봇 등의 신기술을 도입하여 최적화된 인프라를 유지·관리하고 연구·개발 단계에서 지방의 특성을 적극 고려한 시스템을 구축

— 2017년도 저출산·초고령사회에도 지속가능한 사회 구축을 위한 과학기술 관계 사업으로 61개로 약 1,386억 엔으로 전체 과학기술 관계 예산의 약 15.9%를 편성

〈표 10〉 종합과학기술혁신회의 상의 부처별 예산 현황

정책 구분	부처명	사업 수(중복*)	2017년도 예산 (백만 엔)
세계 최첨단 의료기술 실현	문부과학성	15(0)	50,843
	후생노동성	32(0)	54,066
	경제산업성	6(0)	23,565
지속가능한 도시 및 지역 사회 기반 구축	총무성	1	1,200
	문부과학성	1(1)	-
	경제산업성	1	3,000
	국토교통성	1(1)	-
효율적·효과적인 인프라 대책 마련	총무성	6(4)	368
	문부과학성	1(1)	-
	후생노동성	1	7
	경제산업성	4(3)	5,378**
	국토교통성	2	165
합계			138,592

* 과학기술종합전략 내 타 정책과도 연계되어 추진하고 있는 사업과 예산은 제외
** 5,378백만 엔 중 일부
※ 출처: 과학기술혁신종합전략 2016(2016.9.15.)

■ 또한, 고령화와 관련 사회문제에 대응하기 위한 연구개발도 활발히 추진 중

— 과학기술진흥기구(JST)/사회기술연구개발센터(RISTEX)는 2010년부터 2015년까지 고령화 문제를 해결할 15개 프로젝트를 지원하였으며 '16년 3월 완료

〈표 11〉 분야 및 연구프로젝트명

분야	연구 프로젝트명
건강	• 새로운 고령자 건강특성을 고려한 생활지표 개발
의료 · 간호	• 고령자 케어의 의사결정을 지원하는 문화 창성 • 재택의료 추진을 위한 지역진단 표준 툴 개발 • 치매 고령자의 의료선택을 지원하는 시스템 개발 • 고령자가 건강약화를 예방하고 건강하게 장수하는 사회 시스템 개발
커뮤니티 디자인	• 사회자본 활성화를 선도하는 보행권 커뮤니티 만들기 • ICT를 활용한 생활지원 커뮤니티 만들기 • 건강장수를 실현하는 커뮤니티 창설 • 커뮤니티로 만드는 새로운 고령사회 디자인 • 2030년대를 내다보는 기능통합형 커뮤니티 형성 기술 • 재난재해 발생시, 광역 피난자에 의한 다거주·분산형 네트워크·커뮤니티형성 • 치매 예방을 위한 커뮤니티 창설과 효과검증
고령자 노동 · 사회 참여	• 두 번째 삶의 근로 모델 연구개발 • 고령자가 사용하기 쉬운 물건 검증실천 센터 개발 • 고령자의 영농을 지원하는 편한 농법 개발

3. 주요 기술 분야별 초고령사회 대응 현황

가. 정보통신기술

■ 총무성은 건강하게 자립적으로 생활하는 사회, 보람을 가지고 일하는 사회, 신산업 창출 및 글로벌 진출 등 'ICT 기반 초고령사회'를 「스마트 플래티넘* 사회」로 정하고 이를 실현하기 위한 정책을 추진 중

* スマートプラチナ社会: 실버를 넘어서서 전세대가 혁신을 통해 생생하게 활동하는 초고령사회

— ICT 건강모델 확립, 전국적인 의료정보 연계, 쇼핑·식사·돌봄 등 ICT 생활지원 서비스 창출

• 생활 건강 데이터를 지자체, 민간기업 등이 수집하고 분석·활용하기 위해 자신의 건강데이터를 등록한 고령자에게 인센티브 부여

• ICT를 활용해 시장 수요를 파악하고 수요에 대응하는 상품 판매 등 비즈니스에 종사하게 함

• 의료·간호·건강분야 데이터를 공유하고 활용하기 위한 기초 인프라를 전국적으로 구축(예: 재택에 설치한 센서가 수집한 정보를 간호·요양소·의료기간 등에 전송)

— 교육을 통한 실버세대의 ICT 활용능력 향상, ICT를 활용한 새로운 워크 스타일 실현, 신체기능을 보완해주는 로봇 개발 등

• 학습센터, 초·중·고등학교, 대학을 실버세대의 교육현장으로 활용하여 ICT 리터러시를 향상하며 실버세대가 SNS로도 교류

• 텔레워크, 클라우드 소싱 등을 통해 현역세대와 고령자 간의 Best · Mix 모델의 워크 스타일 실현

— 2020년까지 23조엔 규모의 스마트 플래티넘 산업(예: 의료 ICT 시스템) 창출과 글로벌 진출

■ IoT, 빅데이터, 인공지능(AI) 등은 노동력 감소, 빠른 업무 처리, 정확도 향상으로 이어져 생산성 향상에 기여할 것으로 예상

〈표 12〉 ICT 활용 사례 및 효과

기업명	ICT 활용 사례 및 효과
파나소닉	약 45,000명을 대상으로 텔레워크를 도입, 재택근무자의 70%가 생산성 향상, 50%가 효율향상을 답변
KDDI	약 5,800명이 ICT 활용을 신청, 이용자가 삶의 질, 업무효율 향상을 답변(본래 목적은 재난재해시 업무 지속용)
일본 Microsoft	사원의 40% 이상이 재택근무 경험, 사원1인당 매출 17.4% 향상, 각종 서류 인쇄비용 절감
리코	영업직 약 700명을 텔레워크로 채용, 잔업비용과 오피스 공간 절감을 통해 6개월에 약 35%의 비용 절감

※ 일본 정보통신백서(총무성, 2015)

— 생활활동 관리, 식사 섭취량 등 정보관리와 태블릿 활용을 이용한 기록 전자화

• 간호사가 수작업으로 하고 있는 간호 기록 등을 전자화로 대체할 경우, 최대 40%까지 업무 효율화가 가능

— 다각적·연속적으로 수집한 빅데이터를 바탕으로 AI로 처리·분석 가능한 시스템 마련에 주력

- 생산성 향상뿐만 아니라 고령자의 간호를 위해서도 ICT 기반을 구축
  - 고령자가 갑자기 쓰러질 위험성이 있으면 침대매트, 발판 등에 삽입된 센서로 신속하게 감지하고 간호자에게 알림 (영상센서계)
  - 보행, 식사 등 고령자의 활동을 온라인 시스템을 통해 관리하고 관계자 간의 정보 공유·연계

나. 로봇기술

- 로봇은 제조, 의료·간호, 농업 등 폭넓은 분야에서 노동력을 대체하여 생산성 향상에 기여해 왔으며 최근에는 고령자 간호·돌봄, 애완견 로봇, 관광서비스 로봇 등 역할과 활용범위가 확대
  - 2004년부터 차세대 로봇에 대해 본격적으로 논의를 시작하였으며 2007년 내각부에서 차기 기술 개발 과제로 로봇을 언급한 후, 꾸준히 연구개발을 진행
  - 일본이 제안한 로봇의 안정성 규격이 국제표준화기구(ISO)의 생활지원로봇 표준규격으로 채택되는 등 로봇 기술부문의 성과를 달성
  - 소프트뱅크의 인간형 로봇 '페퍼', 도시바의 안드로이드 로봇 '치히라 준코' 등 이미 상용화되어 실생활에서 사용되고 있음

〈표 13〉 로봇 관련 주요 정책 및 사업 추진 내용

연도	추진 내용
2004.4.	차세대 로봇비전 간담회 보고서(2025년 인간과 로봇이 공존하는 세상)
2005.1.	제1회 로봇 정책연구회 개최(경제산업성)
2005.5	로봇 정책연구회 중간보고서(로봇으로 여는 비즈니스 프런티어)
2006.5.	로봇 정책연구회 보고서(RT혁명으로 비약하는 일본)
2007.6.	내각부에서 차기 기술개발과제로 로봇에 대해 기재
2008.5.	종합과학기술회의에서 혁신기술전략에 생활지원 로봇 기술을 명시
2009.3.	로봇산업정책 연구회 보고서(고령화시대 로봇과 공존하는 안심사회)
2012.11.	로봇기술을 이용한 간호 중점분야 선정
2013.7.	로봇산업 시장 동향조사 결과 발표
2013.8.	간호로봇 포털사이트 개설(http://robotcare.jp/)
2014.2.	세계표준 생활지원로봇 국제안전규격 발행[ISO 13482]
2014.5.	OECD회의에서 아베 총리가 성장전략으로 로봇에 의한 산업혁명 거론
2014.6.	일본재흥전략(개정판)에서 2020년까지 제조분야의 로봇을 현재의 2배, 서비스 등 비제조업 분야를 20배로 확대하는 목표 제시

※ 출처: http://www.mri.co.jp/opinion/column/tech/tech_20140724.html

- 2015년 경제산업성은 '로봇신전략'을 발표하고 로봇혁명 이니셔티브 협의회(Robot Revolution Initiative)를 설립
  - 로봇 혁명은 센서, AI 등의 기술을 활용하여 기존 로봇의 범위를 확대하고(자동차, 전화, 주거 등), 제조 현장이나 일상생활 등 다양한 곳에서 로봇을 활용하며, 사회문제 해결이나 서비스 경쟁력 향상을 통해 부가가치를 창출 하는 것을 말함
    - 누구나 사용 가능한 「Easy to use」 실현을 통해 다양한 분야의 요구에 유연하게 대응

[그림 5] 소프트뱅크의 페퍼, 도시바의 치히라 준코

— 기존 단순 작업에서 로봇 스스로 학습하고 행동하며, 데이터를 수집·분석하며 네트워크를 통해 서로 연계하고 더 나아가 새로운 서비스를 제공하는 방향으로 변화

— 이를 위해 로봇 기술 강화, 로봇의 활용·보급, 세계가 주목하는 로봇혁명을 실현시키기 위해 2020년까지 5년간 1,000억 엔 규모의 로봇 프로젝트를 추진

- (기술개발) 로봇혁명 이니셔티브협의회를 중심으로 국제표준 획득, 보안, 국제협력 등을 추진하고 데이터 중심사회를 대비한 혁신적 차세대 기술(인공지능, 센서 및 인식시스템 등) 개발과 실증시설 정비, 인재 육성
- (활용·보급) 부가가치 향상이 기대되는 제조, 서비스, 의료·간호, 인프라·재난대응, 농림·수산·식품 등 5개 분야를 특정해 분야별로 2020년까지 실현가능한 전략목표를 설정
- (로봇혁명 선도) 로봇을 주체로 하는 플랫폼 구축을 통해 생산시스템 고도화, 정보화를 통한 모빌리티, 헬스케어 등 다양한 분

야에서 혁신 창출

▪ 한편, 고령자가 일상생활에 지장이 없도록 필요한 모든 곳에 간호업무 지원 로봇, 보행·재활·식사·독서 등을 지원하는 자립지원형 로봇, 커뮤니케이션 등을 담당하는 돌봄로봇 등을 개발 중

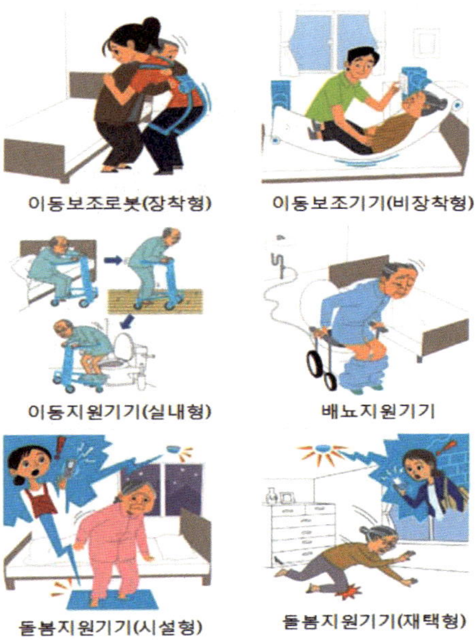

※ 출처: http://robotcare.jp

[그림 6] 8개 중점 개발 분야

종류	대표적인 로봇	
간호업무지원	HAL (Cyberdyne)	
자립지원	i-REAL (Toyota)	
커뮤니케이션·돌봄 지원	PARO (DAIWA House)	

[그림 7] 보조 유형별 로봇

※ 간호로봇 보급추진사업

4. 시사점

- 일본은 고령자세대를 부양해야할 대상으로 인식하지 않고 건강한 고령자는 생산 활동에 계속 참여해 경제에 기여할 수 있도록 해야 한다고 인식을 전환

  — 의료기술의 발달로 고령자의 건강상태도 점점 좋아져 생산 활

동을 지속하는 활동적인 시니어 층이 출현

— 하지만, 친구·세대 간의 교류 등이 저조하여 이를 해결해야할 사회문제로 인식하고 지역의 기능형 커뮤니티 디자인, ICT를 이용한 커뮤니티 활동 촉진을 위해 노력 중

- 과학기술의 급격한 발전, 초고령사회의 사회구조 등을 종합하여 미래 사회상을 설정하고 이에 대응하기 위한 분야별 지원 정책을 체계적으로 추진

— 고령사회대책 대강령에서 '고령자가 존중받는 삶을 사는 사회'라는 기본 이념 하에 고령자의 삶의 질 향상을 위해 노력

— 과학기술 기본계획에서는 「초스마트 사회」라는 미래사회상을 정하고, 이를 실현하기 위한 과학기술의 역할과 기능을 제시

— 부처별로 내각부는 과학기술기본계획을 통한 종합 컨트롤타워 기능, 후생노동성은 건강·의료, 총무성은 ICT, 경제산업성은 로봇 분야의 기술개발에 집중

- ICT를 활용한 건강관리 시스템 구축, 로봇의 역할·범위가 확대 등 기술기반의 초고령사회 대응 전략을 수립하여 적극 추진 중

— 재택·요양소 등에 설치한 센서로 생활 데이터를 수집·전송하면 의료기관이 분석하여 건강을 모니터링 하는 등 ICT기반 의료정보 연계 서비스 제공

— 필요에 의해 로봇이 실생활에 차지하는 비중이 점점 높아지고 있지만 인간과 로봇의 관계, 윤리 등에 대한 논의 또한 필요

Ⅳ. 고령화 대응을 위한 과학기술혁신 정책 방향

- 우리나라 고령자의 절반 이상이 생활비 부족을 어려움으로 느끼고 있어, 생산활동에 지속적으로 참여할 수 있는 사회시스템 구축은 경제성장, 부양 및 의료비 등 사회적 비용 절감을 위해 매우 중요

  — 기술기반 사회에서 고령세대가 경제 활동을 지속할 수 있는 환경 조성을 위해서는 디지털 활용 역량 제고 등을 통해 젊은 세대와의 정보 및 기술수용성 격차에서 비롯된 생산 활동에 불평등 해소가 중요

  • 디지털 리터러시 교육을 통해 기기 활용도를 향상하고, 고령자가 쉽게 사용할 수 있는 기기 개발이 필요

  ※ 일본 도코모의 경우, 고령자도 사용하기 쉬운 라쿠라쿠(樂樂) 스마트 폰을 개발

  — 고령자가 생산 활동을 지속 할 수 있는 환경 조성을 위해서는 업무방식, 기술교육, ICT 인프라 등의 다양한 관점에서 접근 필요

  • 지역·시간·연령에 구애 받지 않고 사이버 상에서도 활동 가능하도록 업무 방식 변화

  • 고령자의 디지털 이용 능력을 향상하기 위한 기술·교육 지원

  • 원격회의, 인터넷 등을 활용 가능한 ICT 거점(물리적 장소), 플랫폼(사이버 상의 기반) 구축

  • 생활지원 로봇·기기 등으로 고령자의 신체기능을 보조·보완

- 제4차 산업혁명 등 기술로 인한 사회변화, 인구통계학에 근거한 사회구조 변화를 통해 미래 사회상을 설정하고, 이에 따른 고령자의 생활상을 설계하고 분야별 대응 기술 확보가 필요

— '제3차 저출산·고령사회 기본계획'에서 과학기술을 활용한 대응 방안이 강조되고, '제3차 과학기술기본계획'도 관련 기술을 중점 육성할 계획이나, 다가올 초고령 사회에 대한 명확한 분석 및 이에 따른 기술개발 및 활용 로드맵은 미흡한 실정

— 보건의료, 로봇, ICT분야의 과학기술 정책은 미래먹거리 발굴, 신산업 창출 등 경제성장을 위한 기술개발에 집중되어 있음

• 건강장수 사회 실현, 국민의 삶의 질 향상을 위한 고령화 대응 기술을 실버산업으로 육성하고 이를 미래 성장동력으로 전환시키는 공격인 고령화 대응 전략 필요

— 복지 관점의 고령화 대응 체계는 구축·운영되고 있으나, 과학기술 기반의 고령화 대응을 위한 범부처 의사결정 체계 별도 구축 필요

• 현재 저출산·고령사회 위원회에 과기기술전담부처 장관이 위원으로 참여하고 있으나, 정책운영위원회 등 민간위원에 과학기술분야 전문가가 1명에 불과

■ 정보통신기술(ICT), 인공지능(AI), 로봇 등 과학기술의 진화를 고령화 대응에 적극 활용하는 전략이 필요

— 현행 과학기술 기반 고령화 대응 정책은 재활 보조기기 개발, 맞춤형 의료기기 개발, 고령친화 산업 창출 등으로 한정되어 있고 고령친화 산업에 대한 인식도 낮아 고령화를 새로운 기회로 인식하고 정부차원의 전략이 필요

※ 고령친화제품과 서비스를 제공하는 기업 300곳 대상 조사 결과 65%가 고령친화산업에 진출의사가 없음(저출산·고령사회 기본계획, 2015)

— 고령화 대응을 위한 기술개발은 활발히 진행 중이지만 여전히 선진국과의 기술격차가 존재하여 기술역량 확보에 뒤처지면, 빠르게 다가오는 우리나라의 초고령사회 실버산업 시장을 일본 등 기술 선진국에 빼앗길 가능성 존재

— 최근 국가전략프로젝트로 정밀의료, AI, 스마트 자동차 등이 선정되어 국가의 기술역량을 결집할 예정이므로, 각 전략프로젝트의 세부과제 및 주요 연구 이슈로 고령화에 따른 맞춤형 헬스케어, 자동차 안전 등의 영역 포함 필요

— ICT, 생명의료, 로보틱스 등 분야별로 고령화 대응 기술을 개발하고 있어, 이를 통합하여 고령화 대응을 위한 국가 차원의 기술개발 로드맵 구축, 이의 안정적 추진을 위한 컨트롤타워(국가과학기술심의회 '고령화대응특위' 설치 등) 구축 검토 필요

- 향후 수립될 '제4차 과학기술기본계획(18 · 22)' 등 국가 주요 과학기술 정책에서 고령화 대응은 가장 핵심적인 의제로 다루어져야 할 것임

— 재활로봇, 원격의료 활용 시 정보 연계를 위한 기술 표준화, 건강·의료 정보 활용을 위한 정부 차원의 가이드라인 수립이 필요

참고문헌

일본후생노동성, 2015, 국민의료비(http://www.mhlw.go.jp/toukei/saikin/hw/k-iryohi/14/)

일본후생노동성, 2013, 국민생활기초조사(http://www.mhlw.go.jp/toukei/saikin/hw/k-tyosa/k-tyosa13/index.html)

일본총무성, 2013. 5월, ICT 초고령사회구상회의 보고서

원유형(2015), 저출산·고령화 시대, 과학기술은 무엇을 해야하는가?, 한국과학기술연구원

한국과학기술기획평가원(2015), -고령화사회 대비 주요국 과학기술 정책 현황- 과학기술&ICT 정책 동향 45호

국회예산정책처, 2014. 8월, 치매관리사업의 현황과 개선과제

일본 경제산업성, 2016. 3월,「활력이 넘치는 빈티지 사회 실현을 향해」 연구회보고서

내각부(2012), 고령사회대책대강령

내각부(2016), 제5기 과학기술기본계획

내각부(2016), 과학기술혁신 종합전략

내각부(2014), 건강·의료전략

박현섭(2014), 제2차 지능형로봇 기본계획, 로봇과 인간 11(4), 41-48, 한국로봇학회

신승춘(2004), 고령화사회와 복지과학기술정책의 과제, 한국정책과학학회보, 8(1), 67-90

서지영(2011), 고령화를 대비하는 과학기술 정책방향, STEPI Insight 제64호

폴 어빙, 글로벌 고령화 위기인가 기회인가, 아날로그

이민홍 외(2015), 1인가구 증가에 따른 신사회적 위험 대응전략, 보건복지부 · 동의대학교

이승관(2015), 스마트헬스케어 산업동향, 정보통신기술진흥센터, 주간 기술동향
남상열 외(2014), 고령화의 도전과 기회-ICT를 활용한 대응의 국제적 논의와 시사점-, 정보통신 정책연구원
허영 외(2015), 스마트 헬스케어 기술동향과 산업전망
프라운호퍼(2016), Shrink 최종보고서
제1차 저출산·고령사회기본계획(2006-2010)
제2차 저출산·고령사회기본계획(2011-2015)
제3차 저출산·고령사회기본계획(2016-2020)
제3차 과학기술기본계획(2013-2017)
제1차 지능형 로봇 기본계획(2009-2013)
제2차 지능형 로봇 기본계획(2014-2018)
ICT R&D 중장기전략(2013-2017)
KISTEP('15.5), 과학기술&ICT 정책·기술 동향 45호
KISTI(2016), 재활로봇, KISTI 마켓리포트 2016-17
OECD Better Life Index 2016

필진 소개

고봉만

프랑스 마르크 블로크 대학(스트라스부르2대학)에서 불문학 박사학위를 받았다. 현재 충북대학교 프랑스언어문화학과 교수로 재직 중이다. 몽테뉴, 루소, 레비스트로스의 사상을 새롭게 조명하고 성찰하는 한편, 노년과 나이 듦의 문제를 연구하고 있다.

진성오

중앙대학교 문과대학 심리학과에서 석사 졸업, 박사 수료하였으며 현재 공감정신의학과 의원 부설 공감 심리연구소 소장으로 심리치료 및 심리 검사 및 치매 관련 신경심리를 하고 있다. 중 · 노년을 위한 인지 훈련 어플리케이션 i-superbrain을 개발하였으며 현재도 검사 개발과 중 · 노년기 인지 기능 개선프로그램을 개발 중이다.

박승억

성균관대학교 철학과에서 현상학과 학문이론에 관한 연구로 박사학위를 받았다. 현재 숙명여자대학교 기초교양대학 교수로 재직 중이다. 철학연구회 논문상, 한국연구재단의 창의연구 논문상 등을 수상하였다.

김연순

독일 베를린 자유대학에서 독문학 전공으로 박사학위를 취득했고, 현재 성균관대학교의 독어독문학과 겸임교수로 재직 중이다. 인간과 기계문명 및 융합학 관련 연구 중이다.

안상원

성균관대학교에서 릴케 시 연구로 박사학위를 취득했고, 현재 성균관대학교 독어독문학과 초빙교수로 재직 중이다. 신화, 문화콘텐츠, 미학을 강의하고 있다.

오윤희

성균관대학교 독문학과를 졸업하고, 독일 만하임 대학에서 독문학 전공으로 박사학위를 취득했다. 현재 성균관대학교 하이브리드미래문화 연구소 책임연구원 성균관대학교 독어독문학과 겸임교수로 재직 중이다.